辨天小新造
繪馬藤畫

監修者――五味文彦／佐藤信／高埜利彦／宮地正人／吉田伸之

［カバー表写真］
右近邸の内部

［カバー裏写真］
船磁石

［扉写真］
船絵馬に描かれた弁才船

日本史リブレット 47

海の道、川の道

Saitō Yoshiyuki
斎藤善之

目次

●──石巻港町の景観

流通史の現場を歩く

海運史・流通史研究に従事して十数年になる。この分野は、たとえば政治史や農村史などに較べると、まだまだ未開の研究分野といってよく、今なお地域に眠る未発掘の史料も少なくない。そのためこうした史料を探求して、古い港町や河岸場《かしば》などをたずね歩くことがどうしても多くなる。また研究対象の船そのものが、広範囲に動きまわる存在だから、その航跡を追いかけていくと、一層広大な、全国的な範囲に調査を拡大していかなければならなくなる。そういうわけで、海運史・流通史研究は、日本史研究のなかでもひときわ「体力」のいる研究分野の一つではなかろうかと思うことがある。

だが、そうした「体力」的な調査の積み重ねが、ときにあらたな研究のヒント

●——佐渡国小木民俗博物館（佐渡市宿根木）の復元千石船「白山丸」

を与えてくれることもある。史料をさがして現場を歩きまわるうち、現場そのものに、流通史の豊かな素材がいくつも残されていることに気づかされたこともその一つである。その代表例が、湊町《みなとまち》の神社などに残された石灯籠《いしどうろう》などのいわゆる石造奉納物《せきぞうほうのうぶつ》や絵馬《えま》類である。それらは商人たちによって奉納されたものが多く、第二の「商業文書」ともいえる存在だ。またこうした寺社奉納物は、地元の商人ばかりでなく、遠隔地の商人が、取引関係の宣伝をかねて奉納した場合も多く、思いもかけぬ商《あきない》関係や流通市場圏の存在を教えてくれる。

　また港町は、人的交流が活発な場所であるから、そこに残る地名や町名、住民の姓や屋号《やごう》などに、遠隔地との人的交流の名残をみいだすことも少なくない。また現在に残る港町の祭りや民謡・歌謡・巷談《こうだん》や、落語などの庶民文芸、さらには浮世絵《うきよえ》などの芸術作品にも、海運史・流通史を解明する素材となるものが意外と多い。さらに港町の商家の佇《たたず》まいや、港町を構成するさまざまな施設の空間的な配置のありよう、さらには船溜《だ》まりや堤防の形状などに、港町の歴史を明らかにする鍵が隠されていることもわかってきた。こうして海運史・流通史の古文書をさがして現場歩きを重ねるなかで、しだいに港町や河岸場など流

2002年度 卒業研究調査報告書
石巻の
商いと暮らしの記憶
8人の方々
からの
聞き取り調査
東北学院大学 経済学部 商学科
斎藤善之ゼミ
●聞取り報告集『石巻の商いと暮らしの記憶』二〇〇二年度斎藤ゼミ編

通拠点における遺物や遺構そのものが、それこそ古文書調査と同じくらいに重要な研究素材なのだということがみえてきたのである。

さらに流通史に関しては、地元の人びとからの聞取りも、古文書・遺物遺跡とならんで、重要な研究方法であることもわかってきた。東北の港町石巻《いしのまき》で二〇〇二(平成十四)年秋に行った聞取り調査では、子どものころに河岸場の荷役《にやく》人足《にんそく》のようすをじかにみていたという八〇歳代のお年寄りのお話から、かつての荷役人(小揚《こあげ》人足)たちのようすがいきいきとよみがえってきた。今から七〇年ほど前の記憶で、一九三〇年代(昭和初期)の光景であるが、その歴史景観はもっと古い時代までさかのぼることができるものであろう。また北上川《きたかみがわ》を行き交った艜船《ひらたぶね》の船頭をしていたこれも八〇歳代のお年寄りからも、具体的で詳細なお話を聞かせてもらった。北上川の艜船としては最後の世代の経験者の貴重な体験談ということになる。荷役人や艜船頭に限らず、流通史の現場を担った人びとの歴史は、文書の記録に残らないケースが多く、聞取り調査がそうした流通史の実体解明にきわめて大きな力を発揮することを、改めて認識させられることになった。

●—利根川の堤防上からみた野木崎の下河岸（茨城県守谷市）
二〇〇二年二月、「流研」の調査で赴いた際の写真。とびこみの聞取りであったが、これらの家々の先祖が、河岸問屋や渡し船、馬方宿などであったことが判明した。

本書では、そのような調査の経験、すなわち筆者が現場で見聞し、考察し、獲得した体験を、そのまま歴史散歩風に記すことにした。ただ一般の歴史散歩書といささか異なる点があるとすれば、これはいわば一研究者のフィールドノートであって、「流通史の研究者の視点から、どこを探すべきか、何を見るべきか、どのように考察するか」といった流通史の方法論をつねに意識しつつ、現場をみようとしたことにあるだろうか。

もとよりそうした試みは、まだ始まったばかりで、方法論としてもこれから一層鍛えていかなければならないが、本書がそのためのステップになればと思う。なお、このような流通史研究の現場を一緒に歩くなかで、なにをどのようにみるべきか、という問題意識と経験の必要性を認識させてくれた流研《りゅうけん》（流域都市史研究会、吉田伸之氏ら）と流市研《りゅうしけん》（流通市場史研究会、事務局・荒武賢一郎氏）の二つの研究会に集う研究者の皆さんに、この場を借りてお礼を申し上げたいと思う。

① 内海浦を歩く——尾州廻船のふるさと

尾州廻船のふるさと

尾州廻船《びしゅうかいせん》▲とは、近世後期から明治期にかけて、尾張国《おわり》（愛知県）知多《ちた》半島の浦々を拠点として、主として上方《かみがた》—江戸間航路に就航し、当時の日本の物流に革命的な変容をもたらした海運集団である。しかし一八九七（明治三十）年前後の全国鉄道網の形成により、急速に国内流通の主役の座から撤退すると、その存在は忘れられていった。その歴史的存在がふたたび注目されるようになったのは、一九九〇年代のことである。ここでは改めて知多地域を探索し、尾州廻船の知られざる足跡をたどってみることにしよう。

名古屋から名鉄《めいてつ》特急でちょうど一時間、終点の内海《うつみ》駅に着く。高架になったホームからは、三方を小高い山に囲まれた内海の町並みと、その先に開けた伊《い》勢《せ》湾が一望できる。駅をでて、線路にそって東へ向かうと、まもなく路は建て込んだ路地へとはいっていく。いたるところに黒板壁の古めかしい家や蔵《くら》が建ちならび、路傍には古びた石灯籠《いしどうろう》などもあってなかなか趣きがある。まがりく

▼**尾州廻船**　そのおもな勢力には、内海船《うつみぶね》・野間船《のまぶね》・半田船《はんだぶね》・常滑船《とこなめぶね》などがあり、うち前二者は、地元から離れて、上方・伊勢湾・江戸を結んで米雑穀・塩・荒物・魚肥を運ぶ買積船《かいづみぶね》として活動し、後二者は、地元で生産された常滑《とこなめ》焼《やき》や酒・酢などを、上方・江戸方面にもたらす運賃積船《うんちんつみぶね》として活動した。

なかでも内海船は、日本海側のいわゆる北前船《きたまえぶね》と同じ歴史的性格をもつ海運集団であると著者は考えている。

神明社
円通寺
妙音寺
内海駅
古い街並み
内海北
52
唯信寺
入見神社
入見橋
芳庵橋
如意輪寺
中橋
247
内海西
内海
内海橋
大清水川
八幡社
前野小平治家跡
高宮神社（前野家寄進の石階段）
内田酒造
247
山神社
千歳橋
宝積院（前野家寄進の本堂）
西岸寺
太平洋
内海造船所（跡）
西端の水主地区
唐人お吉の碑
内海港
東端の船主地区
内海川
白鷺橋
慈光寺（内田佐七の墓・あごなし地蔵）
海難除地蔵
泉蔵院（前野家寄進の金毘羅堂・尾道商人寄進の常夜灯）
N
0
100
200
300m

●—— 内海浦を歩く

●──内田酒造と内海川

●──西端地区の井戸端

ねった細い路地を南へとたどると、やがて鬱蒼《うっそう》とした木立のなかに入見《いるみ》神社（旧称は入海神社）があらわれる。古く縄文《じょうもん》時代には、この辺りまで大きく海が入り込んでおり、内海の地名も入海神社の社名もその名残とされる。さらに南に向かうと、まもなく内海川の川岸にでる。内海橋のたもとで県道を横断し、そのまま内海川右岸沿いを進むと、対岸に大きな黒板壁の建物がみえてくる。内田酒造の醸造蔵であるが、川面《かわも》に映る蔵の姿は港町らしい風情である。

　そのまま川沿いを進むと、西岸一帯が西端《にしばた》となる。尾州廻船の最大勢力であった内海船の船員たちが集住していた地区である。水門から河口に向かって四、五軒目辺りに、人一人がやっと通れるくらいの狭い路地がある。そこから立ち入り、建物が密集する狭い隙間を、生活の匂いを嗅ぎながら、まがりくねった道なりに進んでいくと、突然小さな広場にでる。真ん中には共同井戸があり、まわりは家に囲まれていて、なにやら中庭のような空間だ。試しに井戸ポンプのコギ手を動かしてみると、まだ水がでて驚かされた。今はひっそりとしているが、かつてはこの井戸を囲んで、炊事や洗濯をしながら世間話に興じるおかみさんたちの笑い声や、遊びまわる子どもたちの叫び声などが、にぎやかに響きわたっていただろう。船乗りの家族らが、仕事にでている夫を待ちながら、よりそい助けあって暮していたことをしのばせる空間がそこにある。

唐人お吉の碑と海難除地蔵

そこから狭い路地を南にたどると、内海川の河口にかかる白鷺《しらさぎ》橋のたもとにでる。その手前には棕櫚《しゅろ》の木があり、その奥角に「唐人《とうじん》お吉《きち》▲誕生の地跡」の碑がある。周知のように、お吉は、日米交渉を円滑に進めるため、幕府がハリスに提供した「慰安婦《いあんふ》」であり、外交上の犠牲者であった。わずかな期間、ハリスとともにすごしたことにより、お吉の人生は暗転する。こうした運命に遭遇しなければ、その後半生もかくも悲惨なことには、ならなかったのではないか。しかしながら、大金と引きかえでかつ強制もされたというが、異国人のもとへ赴くことを了承したお吉の気性にも驚かされる。このような人間を育くんだ内海と下田《しもだ》の二つの港町は、近世後期、既成の流通網に風穴を開けた新興海運勢力・内海船の拠点港・寄港地であった。お吉を生んだ風土が、ともに尾州廻船がつなぐ世界だったことは、はたして偶然だったのだろうか。

▼唐人お吉　『国史大辞典』(吉川弘文館)によれば、「アメリカ総領事ハリスの侍妾《じしょう》。天保十二年(一八四一)十一月十日、尾張国知多郡内海に生まれた。父は舟大工市兵衛《いちべえ》。弘化元年(一八四四)一家は伊豆下田に移り、父の死後は母きわとともに、船頭たちの衣類の洗濯などで生計を立てた。安政四年(一八五七)二月以後、(中略)当時酌婦《しゃくふ》をしていたきちがハリスの侍妾に選ばれ、支度金二五両、月手当一〇両の約束で、同年五月二十二日総領事館の玉泉寺《ぎょくせんじ》に赴いた。(その後)きちは異人と交わったために生活にもこと欠き、下田を去って横浜で旧知の大工鶴松と同棲するが長続きせず、明治四年(一八七一)下田に帰り、女髪結、ついで小料理屋安直楼を営んだが乱酔の生活で破産し、同二十三年三月二十七日稲生沢川に身を投げて死んだ」とある。

●内海造船所の辺り

●唐人お吉の碑と像

ちなみに地元内海の伝承では、お吉は斎藤きちといって、その生家が現在の碑のある辺りだったという。お吉はここで生まれたが、まもなく一家は、そろって伊豆《いず》の下田へ移住していったとされる。ちなみに内海川を挟んでお吉の碑の対岸にあたる場所には、船大工の作業場(内海造船所)の跡もあり、近年まで漁船の修理などもしていた。お吉の父は、船大工といっても渡り職人クラスであったとみられ、内海から下田へは、尾州廻船のルートにそって流れていったのだろう。このことは内海と下田が、尾州廻船の航路としてのみならず、船大工のような海運を支える職人といった人びとの交流によっても、密接に結びついていたことを示唆しており、興味深い。ちなみにお吉の生家の墓は内海西端の西岸寺《せいがんじ》にあり、そこにはお吉晩年の写真なども保存されている。

白鷺橋を渡り、内海川河口の左手の砂浜にでると、石垣に護られ海に向かって建つ一体の石仏《せきぶつ》がある。一七八六(天明六)年三月に建てられた「海難除地蔵」である。その解説板によれば、天明のころは天候不順で水難事故が多かったので、この地蔵尊を建てて、海上安全祈願、水難事故除けの浜供養《くよう》をし、以来今日まで大切にまつってきた、という。しかし筆者は、この建立には、もっと別

●──内海川河口の海難除地蔵

●──大坂・住吉大社の内海船常夜灯

の事情があったのではないかと考えている。一七八六年は、内海の廻船集団にとってきわめて重要な年であることがわかってきたからである。それは内海船が、全国的な海運活動を本格的に開始した時なのである。

それを示すのが、大坂の住吉大社《すみよしたいしゃ》に「尾州内海廻船講中」が奉納した一対の常《じょう》夜灯《やとう》である。そこには寄進年が「天明丙午花朝」ときざまれており、これもまた一七八六年春であった。内海の港口と大坂住吉大社に、時を同じくして内海の廻船関係者によって奉納された二つの石造奉納物。これこそ、内海船集団が全国展開を始めたことを宣言するものだったのではないかと考えている。一見ありふれた小さな地蔵ではあるが、その裡《うち》に大きな歴史を秘めて佇《たたず》んでいるように思われてならない。

泉蔵院と慈光寺

ふたたび白鷺橋に戻り、大きくカーブする県道を横断すると、東端《ひがしばた》地区である。目の前には丘陵の先端がせりだしており、そそり立つ崖の中腹に泉蔵院《せんぞういん》がある。

ここは内海船の仲間組織であった「戎講《えびすこう》」▲の会場となった寺であった。戎講とは、そもそも商業神である恵比寿《えびす》(戎・蛭子)神をまつる商人の信仰行事である。これに対し内海船の戎講は、商神である戎神の祭祀を名目としながらも、事実上はそこに結集した仲間船からなる同職組織であった。

内海船の戎講は、大型廻船九〇艘ほどの加盟船(の船主・船頭ら)でもって、文政初年ごろに結成され、数人の年行司《ねんぎょうじ》が選出されて組織の運営にあたった。また毎年七月二十日を中心とする数日間、内海で「参会《さんかい》」と呼ばれる総会を開催し、年行司の交替や加盟船の審査、その他さまざまな事案の評議を行った。その意味では相当に自律的な組織運営がなされていたわけである。この参会の会場になったのが、東端の泉蔵院と西端の西岸寺で、隔年交代で開催されていた。

戎講は、加盟する個々の廻船(内海船)を代表して、諸国の取引商人らと篤《あつ》い信用関係を創出することを目的とした。そのため加盟船の不正行為に対する諸国商人からの苦情を取り上げ、問題を処理して信頼関係を回復する一方で、加盟船に対し不正行為を行った相手商人には、加盟船全体が取引停止の処分を行い、個別廻船では処理できない諸問題を解決していった。こうして内海船が活

▼**戎講**　全国的にその祭日は、正月と十月の二十日とされており、信仰する商家ではこの日、恵比寿や大黒《だいこく》の掛軸を掲げて祝うならわしがあった。また上方では、十月二十日に商品の大安売(誓文払《せいもんばらい》)をする商慣行も生まれ、さらに戎神の総本社とされる兵庫西宮《にしのみや》の今宮《いまみや》戎神社では、古く平安末期には九月十八日の祭礼に「浜の市」が立ち、戎神を市の神として神輿渡御《しんよとぎょ》を行っていたという。現在では毎年正月二十日に今宮戎の大祭が行われている。さらに江戸では、十二月十日が谷中《やなか》の恵比寿祭礼とされたが、その支度のため祭礼前日に始まった浅漬《あさづけ》大根の市売りが、やがて江戸日本橋《にほんばし》の「べったら市」として著名となった。

●—前野家が寄進した泉蔵院の金毘羅堂

●—尾道商人から寄進の常夜灯
刻字は頼山陽《らいさんよう》の書とする地元の伝承がある。

動しやすい環境を整備し、その飛躍的な展開をもたらしたのである。そのほか災害に見舞われたり、経営不振に陥った諸国商人への支援・援助や、船乗りの信仰篤い宗教施設への勧進奉納、港湾施設や航路標識の整備への支援などを行った。

泉蔵院には、内海船の有力船主・前野《まえの》小平治《こへいじ》家が寄進した金毘羅堂《こんぴらどう》が今も残っている。大きくはないが、彫物や架構《かこう》など相当に手の込んだつくりである。またその脇にすえられた常夜灯は、一八二四（文政七）年に備後《びんご》尾道《おのみち》の商人らから寄進されたもので、全国的な規模で活動し始めた内海船のネットワークをうかがわせている。泉蔵院の裏山の小道をのぼると、丘陵の突端の展望台にいたる。ここからは内海の集落と弓なりの海岸が見渡せる。

泉蔵院と境内《けいだい》を接して慈光寺《じこうじ》がある。ここには、内海船の有力船主であった内田佐七《さしち》家の墓がある。また墓所の入口脇には、一八五〇（嘉永三）年の「あごなし地蔵」がまつられている。内田佐七家のふみさんのお話によれば、この地蔵は、安政年間（一八五四〜六〇）に内田家の沖船頭《おきせんどう》（雇われ船頭）であった（内田）豊吉《とよきち》が、子どもの安産を願って、隠岐《おき》から著名な地蔵を分祀して持ち帰り、こ

慈光寺のあごなし地蔵

内海船の船主屋敷の佇まい

の地に安置したものであるという。
　慈光寺の石段をくだりそのまま進むと、右手に黒板塀の屋敷が建ちならぶ路地があらわれる。ここが内田佐七家をはじめとして、内海船の有力船主らが集住していた東端地区である。山懐にそって東に向かうと、左側に内田七右衛門《しちえもん》家・中村与惣治《よそうじ》家が、右側に内田佐造《さぞう》家・内田佐七家の屋敷がある。いずれも風格ある土蔵《どぞう》と立派な屋敷が密集し、かつての内海船船主の繁栄ぶりを今に伝えている。

内田佐七家の誕生

　ここでは江戸時代後期から明治期にかけて、尾州廻船・内海船を代表する船主であった内田佐七家の歩みを紹介しよう。

　内田家の初代佐七は、一七九〇（寛政二）年、知多郡大泊《おどまり》村の商家山下家の二男として生まれた。幼名は伊助《いすけ》といい、やがて一五歳ごろから内海東端の廻船主・内田権三郎《ごんざぶろう》家の千石船《せんごくぶね》・住徳丸《すみとくまる》に乗り組んだようである。その後二〇歳代後半には三役を経験したらしく、一八一八（文化十五）年、伊助二八歳の時、船主・権三郎家の後とり息子がなくなると、その妻の再婚相手として権三郎家の養子となった。これを機に新吉《しんきち》と改名、内田姓を名乗って新屋《しんや》(分家)独立を果たした。これほど主家から見込まれたからには、船乗りとしての新吉(初代佐七)の人格・力量には、相当のものがあったのであろう。▲

さらに翌年二九歳のとき、新吉は手船《てぶね》(自己船)を所有する直乗《じかのり》船頭(一艘持船主)となる。この経緯を伝える古文書が、内田家に今も大切に保存されている。それによると新吉は、東端の船主・与左衛門《よざえもん》から中古の一二四石積《こくづみ》「波不知《いさば》船」一艘を購入したらしい。それで新吉は、たくわえた自己資金を使い果たしたらしく、船の運航や積荷購入に必要な「商売元手金」五〇両を、当時内海最大の船主であった前野家から借用している。

こうして新吉は、ともかくもひとかどの船主として自立をとげた。そこには本家内田権三郎家のほか、元手金を融資してくれた前野小平治家、連帯保証人になってくれた中村与惣治家・内田七郎兵衛《しちろうべえ》家・角佐兵衛《すみさへえ》家など、内海の有力船主団の支援が得られたことが大きかったと思われる。

その後、佐七は優れた商才を発揮し、廻船経営は飛躍的に発展していった。

▼三役　当時の慣習では、船乗りは一五歳前後で船に乗り組むが、初めの三年ほどは炊《かしき》という見習い待遇で、食事係および船中雑用全般をやらされる。三年目ごろから一人前の水主(平水夫)として扱われるが、そこで力量を認められれば、三役と呼ばれる幹部船員に昇進する。三役とは、賄《まかない》(事務長)・表《おもて》(航海士)・親父《おやじ》(水夫長)で、会計・航海・労務の責任者である。そしてさらに三役経験者から選りすぐられた者が、船の最高責任者である船頭(沖船頭)に就任できるのである。

▼お陰参り　江戸時代に約六〇年周期で数回にわたり発生した庶民による伊勢神宮への一大参拝ブームをいう。

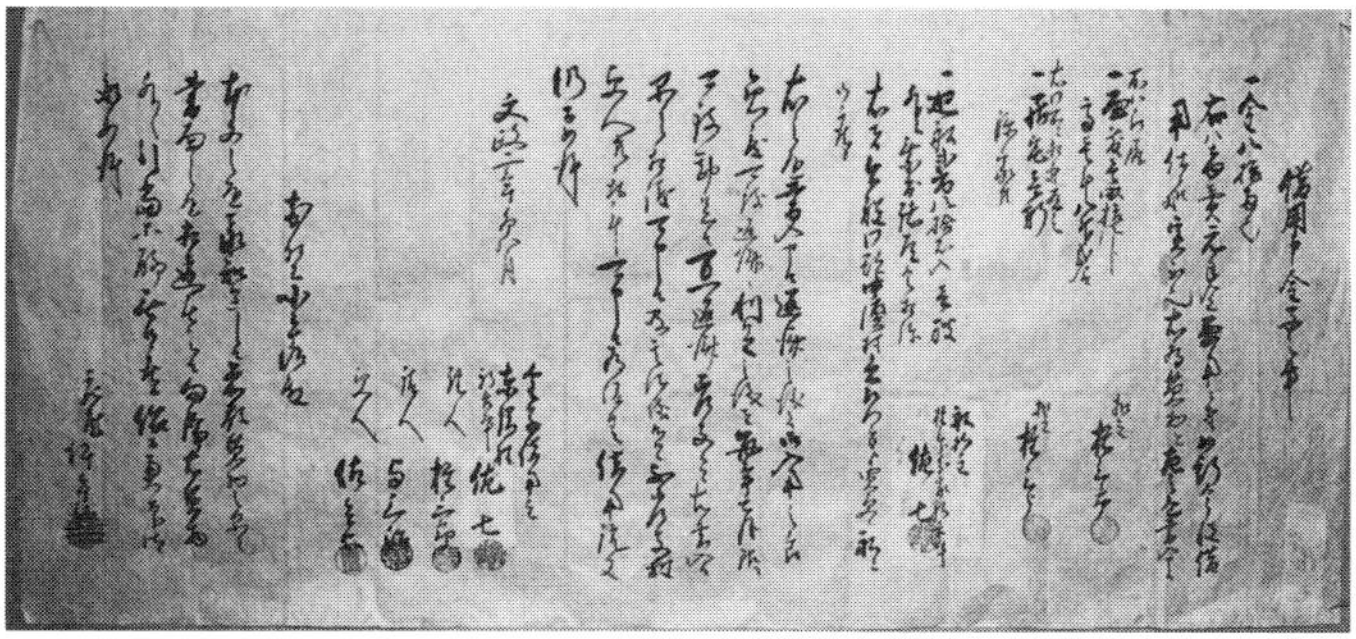

●—新吉の借金証文

早くも翌一八一九(文政二)年には、波不知船を大坂で売却し、知多郡中洲《なかず》村の兵左衛門《へいざえもん》から二八〇石積の「廻船」を購入した。これも中古だが、船の大きさは二倍になり、本家の船名をうけて住徳丸とした。この船は、一八二〇(文政三)年の夏に戎講に加入し、正式に内海船となった。このころから新吉は、佐七と名乗るようになり、まもなく前野家からの借金も完済し、屋号《やごう》を住田《すみた》屋とした。

内海船の買積商法

独立した内田佐七にとって最初のビジネスチャンスは、一八三〇(文政十三)年のお陰参り《かげまいり》▲であった。文政のそれでは、数カ月間に約二〇〇万人が、全国から伊勢へ押しかけたという。この巨大な人口移動は、地域市場における商品の需給バランスを大きく変動させ、各地の物価を大きくゆさぶった。佐七はこの機会を機敏にとらえ、伊勢方面に大豆を売り込んでかなり大きな利益をえている。

ついで、さらに大きなビジネスチャンスとなったのが、天保飢饉《てんぽうききん》であった。このとき、佐七は伊勢湾や瀬戸内《せとうち》方面ではまだ若干余裕があった米を買いつけ、米不足にあえぐ江戸市場に輸送して、巨額の利益を獲得した。おりしも大坂では、江戸への米移出に反対して、大塩《おおしお》の乱《らん》が勃発していたが、そうした情勢下で敢行された江戸市場への米輸送は、佐七に巨大な利益をもたらしたのである。

このような佐七の廻船経営を買積《かいづみ》▲商法という。現代ならばなんの不思議もない商法だが、江戸時代としては、危険な商行為であった。当時の経済原則は、幕府や藩《はん》が特定の商人仲間に商品独占を認める見返りに、それら特権商人から運上金《うんじょうきん》や冥加金《みょうがきん》を上納させ、また物価維持政策にも協力させるというものだったからである。したがって特権商人の独占をおびやかすものは、幕府や藩が取締りや弾圧の対象▲とすることもあった。

しかしこうした領主経済側の規制をかいくぐりながら、内田佐七らの内海船は、近世後期に各地で勃興する新しい農民的商品生産と、都市や農村に出現してきた新しい消費需要層とを結びつけ、みずからも急成長していったのである。そうした意味では、内海船は、近世社会にとって新しい経済システムである市場原理を流通現場に持ち込み、その営業活動がいつしか近代の市場社会を創出する役割を果たしていたのである。しかもこうした経済動向は、民間社会から

▼買積　菱垣《ひがき》廻船や樽《たる》廻船のような運賃積と異なり、積荷の商品を買い取ってしまい、需要のあるところに自由に輸送してこれを売り込むというもので、隔地市場間の商品価格差が利益の源泉となった。

▼取締りや弾圧の対象　天保《てんぽうの》改革《かいかく》の際に、大坂町奉行《まちぶぎょう》が内海船を上方市場の経済秩序をゆるがすものとしてやり玉にあげ、内偵調査していたことも知られている。

自律的に出現してきただけに、幕府の強権でも、押しとどめがたいものになっていった。

ちなみに佐七の廻船が運んだ主力商品は、西国《さいごく》産の米、瀬戸内産の塩や畳《たたみ》表《おもて》、奥州《おうしゅう》産の大豆、蝦夷地《えぞち》・奥州産の鯡《にしん》・鰯粕《いわしかす》(魚肥)などであったが、これらはいずれも近世後期における庶民の生活文化の変容と深くかかわっていた。▲そうした意味で、大豆や塩を運んだ内田家の尾州廻船や、昆布《こんぶ》を運んだ右近《うこん》家の北前船《きたまえぶね》は、まさしく江戸の和食文化の展開を流通の面から推し進めた海運勢力であったといえる。ちょうどこのころ、伊勢湾・三河《みかわ》湾地域は、尾州廻船によって全国からもたらされた醸造原料(塩・大豆など)をもとに、酒・味噌・醤油・味醂《みりん》・酢といった製品を醸造する一大産地として大きく変貌し、その製品はふたたび尾州廻船によって全国へと送りだされていた。消費市場としての江戸の変容と連動しつつ、伊勢・尾張・三河もまた生産地として変容をとげていたのであり、両者をつないだのが尾州廻船であった。

▼生活文化の変容　文化・文政期は、寿司・天ぷら・蒲焼き・豆腐料理・麵料理など今日の日本を代表する和食の多くが誕生ないし普及した時期という意味で「和食革命」の時期ともいわれるが、こうした和食の発展普及にとって、酒・味噌・醤油・味醂・酢などの醸造調味料と昆布・鰹節《かつおぶし》など海産調味料の大量供給が果たした役割はきわめて大きいものがあった。そこに、内海船や北前船が果たした歴史的役割の一端をみいだすことができる。

●——内田家の廻船の幟《のぼり》

●——内田佐七（初代）の肖像

内海船の終焉

天保飢饉が終息した一八三八（天保九）年、内田佐七は三艘目の廻船正福丸《しょうふくまる》を購入、さらに四四（同十五）年には観宝丸《かんぽうまる》、四六（弘化三）年には大黒丸《だいこくまる》と持船をふやし、幕末期には最大の七艘を所有するまでになる。このころの佐七は、「戎講」の年行司も務め、全国の商人を相手にさまざまな交渉を行うなど、内海船の船主のなかで指導的な役割を果たしている。佐七はその後、江戸時代の終焉を目前にした一八六八（慶応四）年七月、七九歳でその生涯を閉じた。一介《いっかい》の見習水主《かこ》からたたきあげ、一代で内海でも有数の船主になった内田佐七こそは、近世後期に胎動を始めた全国的な新しい経済情勢と、知多半島の地域的特質が生み出した象徴的な人物であったといえよう。

さらに明治時代以後の佐七家について概観しておこう。二代目佐七となる秀《しゅう》太郎《たろう》は、二三歳になった一八四一（天保十二）年ごろから同家の船に船頭として乗り組み、その後六四（文久四）年ごろまでは四日市《よっかいち》に開設した出店の支配人として活動し、その後は内海の本家に戻り廻船経営にあたった。二代目には子どもがなかったので、新屋佐造《さぞう》（豊吉）家の子・新之丞《しんのじょう》（一八五四〈安政元〉年十二月生

郵便関係の文書

三代目内田佐七

まれ）を三代佐七として迎えた。

一八七四（明治七）年には、母屋《おもや》の北側に二階家を新築し、六月一日から東端郵便取扱所を開業している。日本の郵便制度開始からわずか三年余のことで、愛知県では一三番目、知多半島では亀崎《かめざき》につぐ二番目の郵便局であった。そして初代の取締役に三代佐七が就任している。内田家がいちはやく郵便局を開設した理由の一つには、みずから郵便局を運営することで、各地の商況や相場など商業情報、さらには社会情勢など、廻船経営に必要な情報をいちはやく入手したいという動機があったのではないかと思われる。

ところがこのころ、順調に発展してきた内田家の廻船経営に暗雲がみえる。まず明治初年に持船の海難事故が続発した。加えて二代目佐七が一八七七（明治十）年五月に五九歳で、さらに三代目佐七が八三（同十六）年九月に二九歳で亡くなった。残された佐太一《さだいち》（一八七八〈明治十一〉年七月生まれ、のち四代目）は未だ幼く、当面は新屋の佐造が後見することになったものの、このころから内田家の廻船数は急速に減少し、まもなく廻船業から完全に撤退してしまうのである。

その後の内田家は、培ってきた資本と人脈をいかして、あらたな地域振興に

吉田初三郎作「内海」

四代目内田佐七

積極的に取り組んでいく。大正期のバス事業創立から、戦後の名古屋鉄道の内海への伸延（知多新線）にいたるまで、南知多地域の交通基盤整備に果たした内田家の役割は大きなものがある。また小説家・画家・写真家など多くの文化人を私邸に招き、その作品を通じて内海を広く紹介させるなど、質の高い文化事業を展開し、観光地としての「内海」ブランドを定着させることに成功した。四代目佐七は、一九六九（昭和四十四）年八月、九一歳で没したが、現在、内海が、中部圏有数のリゾート地として知られるようになった背景には、廻船業から転進した内田家のこうした取組みがあったことを銘記すべきだろう。近世後期、全国的な新興流通勃興の波に乗ってあらわれた内田佐七家は、その波乱に満ちた海商三代の歴史を通じて、幕末《ばくまつ》海運史に大きな足跡を残しただけでなく、地元知多半島の産業と文化にも大きな遺産を残しているのである。

内海最大の海商・前野小平治家

東端地区から内海川に沿って五〇〇メートルほど北、高宮《たかみや》神社の山裾一帯は、かつて近世中期から後期にかけて、尾州廻船・内海船を代表する船主としてそ

●──「戎講組合船数帳」

の名を知られた前野小平治家の屋敷があったところである。一八二八（文政十一）年の「戎講組合船数帳」によれば、このころ前野家は最盛期をすぎた時期にもかかわらず、所有船はなお九艘もあった。しかしその後、前野家は幕末維新《いしん》期を目前に急速に没落し、その過程で史料もほとんど失われたため、その実態については多くが謎につつまれている。

前野家末裔の前埜《まえの》小平治氏（名古屋市在住）の所蔵される「公用留《こうようどめ》」は、尾張藩と前野家の関係を編年体で略記した記録として、同家の歩みをうかがいうる希少な史料であるが、これによると同家は二代目の安永期ごろからしだいに廻船経営を拡大し、三代目は天明飢饉に際し救恤《きゅうじゅつ》施行を行った功績で藩から「十五人扶持《ぶち》」をあたえられた。こののち、まもなく同家から藩への調達金が始まるらしく、その時期と金額が子細に記されるようになる。それによると最初の調達金は一七九六（寛政八）年の三〇両で、翌年には返済された。その後一八〇三（享和三）年ごろまでの調達金は、年一回程度で金額も数十両から多くて四〇〇両ほどであった。

ところが一八〇三年十一月、尾張藩の「御勝手御用達《おかってごようたし》」に任命された直後から、

●——宝積院の本堂

調達金は一〇〇〇〇両を超え、その頻度も年に数回から十数回と急増し、年間一万両を超える額が上納されるようになった。さすがに同家もこれには嫌気がさしたらしく、地元に残る伝承では、当主が尾張領外への脱出(資本移転カ)を真剣に検討したという。しかし尾張藩との関係はその後も続き、四代目は化政《かせい》期ごろに藩主への独礼《どくれい》御《お》目《め》見《みえ》の特権をあたえられている。五代目の天保期には所有廻船が最大の一一艘となり、前野家の最盛期となった。

こうした前野家の発展は、尾張藩の蔵米《くらまい》の江戸市場での換金業務に深く関与したこと、これと関連して蔵米の輸送・保管・依託販売業務にも従事したことからもたらされたことが、「公用留」にみえる。さらに前野家は、知多半島における蔵米の換金業務をも支配していたらしい。このように前野家は、廻船営業を通じて藩財政に関与し、尾張藩の「知多郡払居米《はらいずえまい》仕法《しほう》」や藩米江戸販売における利権をテコに急速な成長をみせたものの、その見返りとして、藩からは膨大な調達金の用立てを求められた。こうして前野家は、藩との抜き差しならない関係に陥っていった。幕末維新期における前野家の急速な没落は、同家に繁栄をもたらした尾張藩との関係が、やがて同家の衰退の原因にもなったことを物

宝久丸の模型

内海船の帆桁

語っているようである。
　なお前野家のかつての栄光を物語る遺物として、内海の寺社にはいくつもの奉納物が残されている。先述した泉蔵院の金毘羅堂のほか、一八四二(天保十三)年に寄進改築された宝積院《ほうしゃくいん》の本堂や、三四(同五)年に寄進された高宮神社の一七三段の石階段などがその代表的なものである。また地元で現在もなお語り伝えられている「前野家の埋蔵金」伝説は、近年にも実際に建設機械で掘削した人もあるというほどに、地元ではまじめに受け止められているが、これもかつての前野家の繁栄の大きさと、その没落の激しさが生み出した「遺産」の一つなのであろう。

内海船の資料館

　ふたたび白鷺橋から海岸沿いに千鳥《ちどり》が浜《はま》の海岸道路をしばらく西に向かい、秋葉神社手前を右折してまもなく県道にでると、左手に南知多町歴史民俗資料館がある。旧内海高校の校舎を利用した建物で外見は地味だが、地元から寄託収集された膨大な収蔵品の質量には驚かされる。とりわけ廻船・漁船の船具類

●―良参寺と宝順丸乗組員の墓

▼尾州廻船内海船船主・内田家
愛知県南知多町。土曜・日曜・祝日のみ開館。

は充実しており、また元船大工の手で復元された一〇分の一の内海船「宝久《ほうきゅう》丸《まる》」の模型はなかなかみごたえがある。そして圧巻《あっかん》は、全国でもここにしかないとみられる千石船の実物の帆桁《ほげた》。その大きさと存在感には驚かされる。

なお、この施設は老朽化にともない二〇一七年閉館した。所蔵資料のうち海運関係は「尾州廻船内海船船主・内田家▲」に移管されそちらでみることができる。

ニッポン音吉

こののち、内海からバスで一〇分ほどの小野浦《おのうち》に向かえば、漂流民「ニッポン音吉《おときち》」関連の遺跡がある。音吉らは、この地の廻船「宝順丸《ほうじゅんまる》」の乗組員であったが、遠州灘《えんしゅうなだ》で嵐にあい、一年以上太平洋を漂流、アメリカ西海岸に漂着した。その後、イギリス・ロンドンをへてマカオに至り、さらにモリソン号で送還されたため浦賀《うらが》で打ち払われることとなり、日本に帰還できなかった悲劇の人物である。この音吉らをしのんで、八幡社前に「三吉《さんきち》の碑」が、良参寺《りょうさんじ》には「宝順丸乗組員の墓」がある。尾州廻船の輝かしい活躍の陰で、悲劇的な運命をたどった音吉らの生涯にも想いを馳《は》せてみてはいかがだろうか。

② 河野浦を歩く —— 北前船のふるさと

古代・中世の河野浦

敦賀《つるが》から敦賀湾に沿って北東方向へ約一八キロほど北上した日本海沿いに河《こう》野《の》村▲(現、南越前町河野)がある。ここはちょうど日本海に向かって開かれた敦賀湾の入口の側面に位置しており、古くから敦賀と日本海を行き交う海上交通上の要衝《ようしょう》として重要な役割を果たしてきた。ちなみに敦賀と武生《たけふ》(越前府中《えちぜんふちゅう》)とのあいだは、険しい山地が行く手を阻み、北陸トンネル開通前は、たいへんな難所であった。そのためここを迂回できる海上の道がおおいに利用されたのであった。その際、河野浦・今泉《いまいずみ》浦は、敦賀と越前府中とを結ぶ海陸中継点となり、とりわけ繁栄をきわめたのである。ちなみに河野浦▲という地名は、越前国の「国府《こう》の浦」からきたとされている。

中世室町期になると、河野浦は越前府中までの西街道(馬借《ばしゃく》街道)の起点となり、ここを行き交う馬持《うまもち》「馬借」らは「浦山内《うらさんない》馬《ば》借中《しゃくちゅう》」なる組織を結んで各種流通品の輸送を独占した。一方、敦賀と河野を結ぶ海路には、文明年間(一四七

▼**河野村**　JR北陸線武生駅からバスで約三〇分。車なら北陸道・敦賀インターか武生インターからいずれも約三〇分。二〇〇五(平成十七)年、市町村合併により南越前町となる。

▼**河野浦**　その名の起こりについて、地元では、伊予《いよ》国河野《こうの》(愛媛県松山市北条《ほうじょう》)の豪族・河野氏の一族がこの地に土着したため、という説も信じられている。河野氏は、河野水軍とも呼ばれる瀬戸内の水軍・海賊勢力であり、また諸国を遍歴した時宗《じしゅう》の開祖・一遍《いっぺん》上人《しょうにん》を出したことでも知られている。

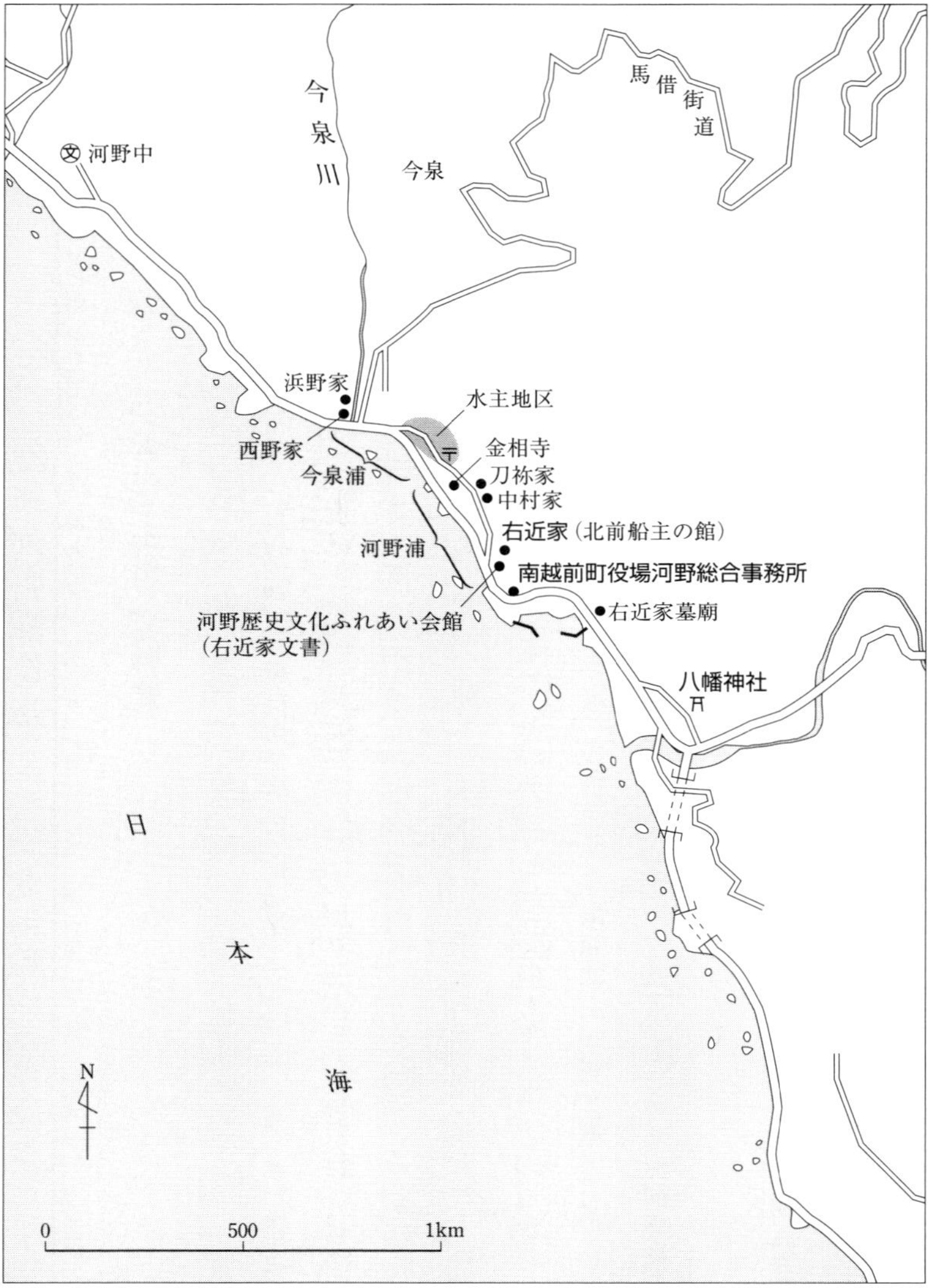
今泉川
今泉
馬借街道
河野中
浜野家
西野家
水主地区
今泉浦
金相寺
刀祢家
中村家
河野浦
右近家（北前船主の館）
南越前町役場河野総合事務所
河野歴史文化ふれあい会館
（右近家文書）
右近家墓廟
八幡神社
日
本
海
N
0
500
1km

●——河野浦を歩く

河野浦の金相寺

「当寺略由来」

〇年代）ごろ、当浦の船持らの組織「河野今泉《こうのいまいずみ》両浦船《りょううらふね》」が行き交い、戦国大名朝倉《あさくら》氏の廻送御用《かいそうごよう》なども務めていたという。当時今泉の船だけでも六艘ほどあったという。また敦賀には、河野・今泉浦の通船を差配する「河野屋座《こうのやざ》」および「川船座《かわふねざ》」が存在し、塩・榑《くれ》（丸太）などの輸送に従事していた。このように中世から戦国時代の河野浦は、日本海中部の中心港湾・敦賀の発展とともに、その活動を支える水陸交通業者の拠点として展開をとげていたのであった。

河野浦の集落の中央部に金相寺《こんそうじ》がある。ここは文明年間にまでさかのぼる由緒をもつ古寺である。近世後期に書かれたとされる「当寺略由来」（金相寺蔵）には、つぎのような伝承が記されている。

河野浦にはその昔、近郷の惣社《そうじゃ》「やわた八幡宮」があった。その本寺《ほんじ》は真言《しんごん》宗《しゅう》の寺尾曼陀羅寺《てらおまんだらじ》といい、その神官六軒の首座を松川右近《まつかわうこん》といった。その後、寺尾曼陀羅寺は衰亡荒廃し、松川右近は、本尊阿弥陀仏《ほんぞんあみだぶつ》をともない、河野浦の「やわた八幡宮」に引き移った。一四七一（文明三）年、本願寺《ほんがんじ》八世蓮如《れんにょ》が吉崎御《よしざきご》坊《ぼう》へ下向すると、松川右近はそのもとに馳《は》せ参じ、教化を受けて一向宗《いっこうしゅう》に帰依《きえ》し、河野浦に金相寺を創建した。それ以後、金相寺の住職は代々右近姓を名乗

▼一向宗　藤木久志氏によれば、一向宗（本願寺）は、石山《いしやま》本願寺（大坂）や畿内《きない》の寺内町《じないまち》、伊勢《いせ》長島・三河《みかわ》など、いずれも流通拠点である町場・港などをおもな布教対象として発展した教団だという。

●―昭和初期の河野浦

るようになったという。一向宗▲の信者の多くは、商人や職人などで、海に生きる人びともいた。蓮如の吉崎下向もこうした北陸地域の流通上の発展をみすえてなされたという。金相寺が創建され、河野船が古文書にあらわれてくるのは、こうした中世における全国流通の変動と、これと連動した宗教勢力の再編という大きな社会変動のさなかのことであった。

北前船主の浦

近世になると馬借街道はすたれ、敦賀と河野を結んだ河野船は、やがて日本海へと進出するようになった。近世前期に蝦夷地《えぞち》に進出した近江《おうみ》商人のもとで、蝦夷地と敦賀を結んだいわゆる荷所船《にどこぶね》がそれである。やがて近世中期にいたり、蝦夷地での近江商人勢力の地位低下が起こると、荷所船は独立化の道をあゆみ、やがて北前船《きたまえぶね》として自立した廻船経営を行うようになった。このころには、敦賀まででなく、蝦夷地と大坂とを結ぶさらに広い航路に乗りだし、巨大な富を蓄積し、近世後期から明治期までの河野浦は、北前船主の浦として空前の繁栄を謳歌《おうか》することになるのである。

●―北前船主の館・右近家（正面）

海岸沿いの国道を河野浦にはいるとすぐ右手に「北前船主の館・右近家」があらわれる。現在は、道路を挟んで海側が駐車場になっているが、道路と駐車場はかつての海岸を埋め立てて造成されたもので、もとは右近邸の門前がすぐ波打ち際であった。右近家は、河野浦における代表的な北前船主で、五大北前船主の一つにも数えられる家である。

屋敷は現在、南越前町の管理に委ねられ、一般公開されている。外観・内部とも当時の景観・状態を良好に保っており、全国の海に乗りだしていった北前船主の生活ぶりをしのぶことができる（表紙参照）。またそれぞれの部屋には、文書・家具・商売道具・航海道具・船絵馬《ふなえま》などの資料が展示されている。庭園や屋敷まわりもみごたえがあるが、とくに母屋《おもや》の背後の急斜面をのぼった高台にある西洋館が興味深い。一九三五（昭和十）年ごろに建築されたもので、タイルや大理石・ステンドグラスなどの建材も海外からとりよせ趣向をこらしたつくりとなっている。ちなみにこの洋館について、建築史家の藤森照信氏は、温暖な地《ち》中海《ちゅうかい》沿いで育った「スパニッシュ」様式にアルプスの山荘「スイスシャレー」様式を混淆《こんこう》させた建築様式であるとし、これは日本の洋館にはきわめて

●──右近家の西洋館

特異な事例であることを指摘している。そして開放的な地中海のスパニッシュ様式が、なぜ雪深い日本海側で建てられたのかと疑問を呈し、右近家の夏の別荘として建てられたことに加えて、北前船が行き交った日本海世界を、地中海世界になぞらえようとしたのではなかったか、としているが、まことに興味深い見解である。たしかに洋館のバルコニーから眺《なが》める夏の日本海は、閉ざされた冬の景観を重ねあわせ対比させると、ひときわ眩《まぶ》しく開放的にみえる。

なお右近邸の南側には、一九九六(平成八)年春にオープンした河野歴史文化ふれあい会館がある。二階は住民図書館であるが、そこに河野地区の古文書の収蔵庫と閲覧室が設置されている。収蔵庫には一万七〇〇〇点を超える「右近家文書」が収蔵され、閲覧室において研究者・歴史愛好者らが文書(マイクロ焼付版)を自由に閲覧できるようになっている。また河野浦の北前船が寄港した先の日本海・瀬戸内海各地の港を有する自治体史のほか、海運史・海事史関係の専門書を集中的に蒐集しており、小さいながら北前船の研究資料館としての充実した内容をもつ。

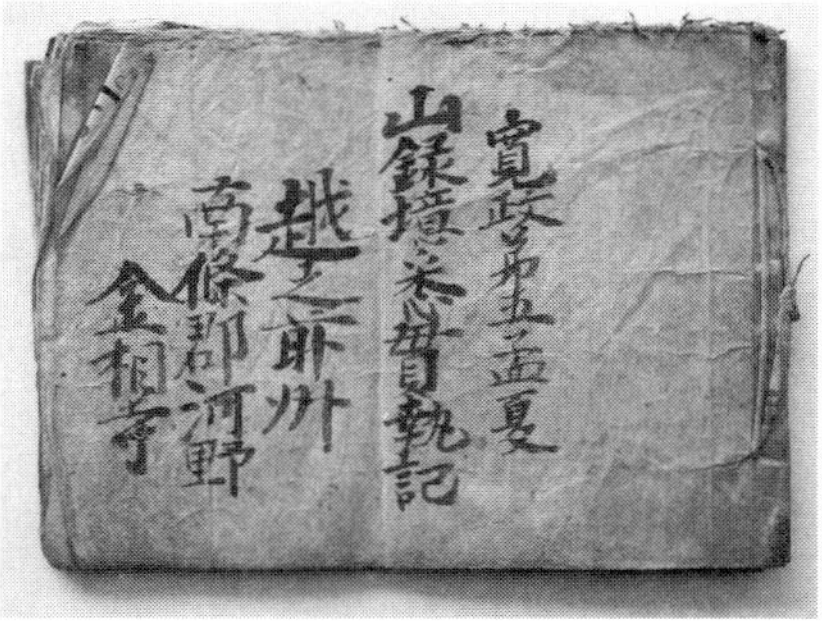

●——譲状の写がのせられた寺の由緒書

右近家の歩み

つぎに、「右近家文書」と「金相寺文書」から明らかになった北前船主・右近家の歴史を紹介しよう。

右近家の初代は、権左衛門《ごんざえもん》といい、金相寺の第三世住職・右近漸祐《ぜんゆう》の庶子として近世初期に生まれた。金相寺は兄が継いで第四世住職・専祐《せんゆう》となり、権左衛門は一六八〇（延宝八）年に資産（土地・屋敷・船など）を譲られて独立した。そのときの譲状《ゆずりじょう》の写が残っている。船の名は八幡丸《やわたまる》。村の鎮守「八幡宮《はちまんぐう》」からとられた名だという。権左衛門は、妻とのあいだに長男の二代目権左衛門、二男の権平《ごんべい》（のちの三代目権左衛門）のほか四人の男子をもうけ、一七〇〇（元禄十三）年九月に没した。

ところで権左衛門が独立した延宝期は、北国海運史にとって、画期的な時期でもあった。このころ、蝦夷地では松前藩《まつまえはん》の場所請負制《ばしょうけおいせい》が急速に展開しており、そこに進出していたのが、近江商人であった。近江商人は松前藩に取りいって両浜組《りょうはまくみ》を結成し、蝦夷地—敦賀—近江—上方《かみがた》（京坂）を結ぶ交易ルートを掌握して、大きな利益を獲得していった。その差配・従属下にあって、蝦夷地と敦

●——右近家文書・「万年店おろし帳」

賀とを結ぶ海運活動に従事したのが、この地の海運業者らが運航した荷所船であった。初代権左衛門が八幡丸を譲られ独立したことは、このような近江商人の蝦夷地進出、そして当地の荷所船の展開と連動していたものと想像される。

またこのころ、二代目権左衛門が初代の没後わずか二年後の一七〇二(元禄十五)年八月晦日《みそか》に没している。その死は、金相寺の過去帳《かこちょう》の記載様式から、海難死であったとされる。おそらく二代目は、八幡丸に乗り組み、日本海を往復していたのであろう。

その後三代目から六代目の時期については、「右近家文書」にその期間の史料がみえず、同家の動向はほとんど不明である。ただし近江商人・西川家の文書のなかに、宝暦ごろの荷所船主として右近権左衛門の名がみえるとされ、このころ、右近家が引き続き海運活動に従事していたらしいことが知られる。

七代目は、六代目の長男として一七四六(延享三)年に生まれた。この時期から、「右近家文書」に廻船経営関係の文書がみえるようになる。そのもっとも早いものが、一七八四(天明四)年正月から寛政年間(一七八九〜一八〇一)まで書き継がれた「万年店《たな》おろし帳」である。その大晦日のところに、今年からこの帳簿

●——船の建造（『絵本太閤記』より）

に勘定を記すことにした、と記されており、このころになって七代目が会計方式を改めたことがわかる。七代目の経営への意気込みが感じられるとともに、この時期が、荷所船から北前船への展開の時期にあたっていることからも、この改変は注目されよう。この年はまた天明飢饉《てんめいききん》が襲来した年でもあり、右近家の廻船経営は動乱のなかで大きな商機をつかんだらしい。

さらに一七八七（天明七）年、同家の船は江差《えさし》への航海で大きな利益を手にしたことが記され、それを元手に一七九六（寛政八）年に二艘目の持船「弁天小新造《べんてんこしんぞう》」（四〇〇石）を、大坂江《え》の子《こ》島の船大工・伊勢屋治右衛門《いせやじえもん》方で建造している。建造費は銀二三貫匁（金三八三両ほど）であった。七代目の時期、右近家は河野浦有数の大型廻船の船主となる足がかりをえたのであった。

寛政・化政期の右近家と北国海運

しかしその後、右近家の発展は一時停滞をみせている。少なくとも二度の海難事故に見舞われたためである。

第一の海難は、七代目五四歳にあたる一八〇〇（寛政十二）年七月、弁天丸が

▼北前船主への転身　天保以後のように北前船主が急速に船数をふやせるといった経済情勢にはなく、のちに有力船主となる家は、それぞれこのころ、苦難しつつ発展の糸口を模索していた。たとえば加賀《かが》国金石《かないわ》(石川県金沢市)の銭屋五兵衛《ぜにやごへえ》もその一人であるが、彼は加賀藩に接近しすぎ、一時は飛躍的な発展をみせたものの、まもなく藩によって取り潰されてしまった。

江差港において中荷金《なかにきん》(買付資金)二八〇両とともに難破したものであった。

第二の海難は、八代目二八歳にあたる一八一四(文化十一)の八月で、同家の弁才船が津軽《つがる》の「とが」(男鹿《おが》半島の戸賀《とが》港カ)で難破したものであった。

江差や男鹿で難破したことは、この時期の右近家が北方海域へ乗りだしていたことを示している。ところで当時の日本海では、近江商人団の雇船としての荷所船、あるいは北陸諸藩の雇船としての廻米船から、主体的な経営を有する北前船主への転換がいよいよ始まっていた。右近家の船もこのころ、北前船主への転身▲を果たしつつあったとみられるが、その矢先の事故であった。

ところでこのころの右近家は、所有船数こそ一〜二艘であったものの、一族の人的な勢力拡大には注目すべきものがあった。たとえば、のちに右近家の右腕となる分家・右近平左衛門《へいざえもん》家の創出がこのころになされている。この平左衛門家からは、その後、右近家の永昌丸《えいしょうまる》・嘉納丸《かのうまる》の船頭を務めた嘉蔵《かぞう》や、本家九代目ならびに十代目の妻をだしている。

このように会計方式の改訂、手船のあらたな建造(これは海難で一時的に挫折)、分家の創出など、右近家はこの時期、つぎの世代に大きく発展する基礎を固めていたともいえる。こうみるとその後の北前有力船主への飛躍は、七代目の時期に基礎を培われたともいえ、その意味で七代目は、新しい時代の流れを的確につかみ、右近家の発展の礎を地道に築いた人物であったといえるだろう。なお八代目は、七代目の長男で一七八六（天明六）年生まれ、幼名は権平《ごんぺい》。一八一八（文化十五）年七月、三三歳で家督を相続している。▲

飛躍する右近家

右近家の九代目は、八代目の長男として一八一六（文化十三）年八月二十五日に生まれた。幼名は権太郎《ごんたろう》、諱《いみな》は広隆《ひろたか》。以下その足跡を墓碑銘《ぼひめい》（後出）によってみると、一七歳から自家の船に乗り組み、北前船の運航と北前商いを体得し、その後、八幡丸と小新造の船頭を務めた。やがて船主となって千石船《せんごくぶね》三〇（ママ）艘を擁する大船主となった、という。この九代目こそ、北前船主としての右近家の大拡張期を築き上げた人物であった。その人格については、「人となり磊落卓偉《らいらくたくい》、善《よ》く飲み善く談ず。談その業事《ぎょうじ》に及べば、則ち袂《たもと》を奮《ふる》って掌《たなごころ》を撫《ぶ》し、膝の進を覚えず」とあり、おおらかで快活、事業に熱中する人物像が彷彿《ほうふつ》とする。一

▼右近家八代目　八代目が三七歳のときの家族構成を記した史料が、「右近家文書」に残されている。河野浦庄屋《しょうや》によって作成された一八〇八（文化五）年の「辰年高家男女人馬御改下帳」である。ただし記載された各人の年齢などから勘案すると一八二二（文政五）年ごろの実態を記したものと推定される。

これによると、このときの右近家の所持地は八石三斗余、家内人数は一一人、屋敷は居家一軒と蔵二棟、そのほか弁才船《べざいせん》一艘、牛一匹であった。権左衛門の家族は、八代目権左衛門夫婦と父母（七代目夫婦）、それにこのとき未だ独身の弟茂蔵（繁蔵）と加介（嘉助）、長男権太郎（のちの九代目）の七人であった。またこのほかに下男と下女がそれぞれ二人ずついた。

●—河野浦の右近家墓廟

●—右近広隆の墓がある大阪市・一心寺

八七〇（明治三）年に隠居し、八八（同二十一）年一月十六日に没した。行年は七二歳。墓碑は右近家墓廟《ぼびょう》にあるが、そこに「中祖」ときざまれているとおり、まさに九代目こそは「右近家中興の祖」たる人物であったといえよう。また右近家が取引上の拠点とした大阪の一心寺に、広範な取引先商人と親交のあった人びとらによって建立された「右近廣隆翁之碑」がある。

九代目には、弟に卯之助《うのすけ》・常吉《つねきち》が、妹にひで・みわ・なお・ゆう・こう、がいた。弟卯之助は、小新造・加納丸・永昌丸・伊勢丸などの船頭を務めたが、やがて河野村の北前船主・中村三之丞《さんのじょう》家の養子となり、中村家中興の人となる。また中村家と右近家が共同で運航した安全丸《あんぜんまる》の船頭も務めた。また弟常吉は、八幡丸・伊勢丸などの船頭を務めたのち、一八四九（嘉永二）年九月に大坂で亡くなっている。叔父の権四郎《ごんしろう》に続いて常吉もまた大坂で没したことは、右近家の大坂進出が継続的になされ、右近家の手の者が大坂に常駐するようになっていたことを示している。さらに妹ゆうの夫・権太夫は、永昌丸・小新造・八幡丸などの船頭を務めていたが、一八七七（明治十）年八月二十七日に能登《のと》沖にて海難死している。

●広隆翁の碑（一心寺）

●九代目右近権左衛門（広隆）

右近家の人的活用法

九代目ごろの右近家では、息子や娘婿などの血族が、いずれも北前船にかかわる多様な職務を分担するようになっていることが注目される。これは同家の持船の増加にともなって複雑化する船の運航を管理し、これを総合的に統括経営するために経験的に編みだされた手法であろう。たとえばこの時期には、当主権左衛門は河野浦の本家で総指揮をとり、後つぎ息子の吉《きち》太郎《たろう》は最初はもっとも由緒ある八幡丸の船頭を務め、そこで経験を積むと今度は蝦夷地に駐在して船の差配にあたる。また弟常吉は、大坂に駐在して船の差配にあたり、兄を補佐した。他の弟・卯之助や娘聟の権三郎は、持船の船頭を務めるという形ができあがってくるのである。

こうした家族による職分組織は、つぎの世代になると、当主が大阪で指揮をとるようになるなど変化していくが、一族が当主との関係に応じて、あたかも会社組織のように整然とした階層秩序をなし、それぞれの職能を分掌するという構造は、九代目の時期に確立している。

こうした右近家の経営組織は、右近家の持船数の飛躍的な増加にうながされ

●—右近家の持船・八幡丸

●—十代目右近権左衛門(吉太郎)

たものであったろう。ちなみに九代目が生まれた一八一六(文化十三)年の同家の持船は、わずかに一ないし二艘であったが、二五歳で結婚した四一(天保十二)年には四艘となり、さらにその二〇年後の六一(文久元)年には一〇艘、五四歳で隠居した七〇(明治三)年には一五艘、そして亡くなる直前の八五〜八六(同十八〜十九)年にかけて、最高の二一艘に達している。七二歳で没した一八八八(明治二十一)年には、和船(弁才船=日本型帆船)は一八艘と減少に転じているものの、西洋型帆船一艘が導入されている。こののち、右近家の持船は、和船にかわって西洋型帆船、さらに汽船へと転換していく。そうした意味でも九代目こそは、まさに和船時代の北前船主・右近家の最盛期を象徴する人物であったといってよいだろう。

十代目は、九代目の長男として一八五三(嘉永六)年九月十七日に生まれた。以下その足跡を墓碑銘(墓廟)によってみると、幼少時には武生の儒者から漢学を学んだという。右近家が次代の当主の育成にあたり、教育を重視していたことを示すものであろう。一七歳から廻船に乗り組み始め、やがて八幡丸の船頭なども務めた。また小樽《おたる》に滞在して、北方における同家の商業取引の差配にあ

▼右近家の汽船・福井丸　この船は、日露《にちろ》戦争時に海軍に徴用されて旅順《りょじゅん》港の閉塞作戦に使われた。その際、のちに「軍神」として顕彰される広瀬武夫中佐が乗船していたために一躍有名になった船であった。

たり、一八八四（明治十七）年ごろからは、九代目にかわり大阪を拠点として右近家の商業取引の総指揮にあたった。

　十代目の最大の功績とされるのは、二一艘におよんだ和船から汽船への転換を決断したことであったという。右近家は、一八九四（明治二十七）年には、河野浦丸・勝山丸《かつやままる》の二艘の汽船を有しているが、これは数多い北前船主のなかでも早い時期の導入であった。もっとも早かったのは、一八九三（明治二十六）年の広海《ひろうみ》家とされるが、これにつぐものという。その後、一八九九（明治三十二）年ごろには、右近家の持船は、南越丸《なんえつまる》（一三二五トン）・河野浦丸（二二七一トン）・福井丸《ふくいまる》▲（二九二八トン）・勝山丸（一七六七トン）の四艘におよんでおり、このころには日本海側における有数の近代的海運勢力となっていた。

地域社会への貢献と近代企業への転身

　一方で十代目は、地元の社会資本の整備にも力をつくしている。その代表が、中村家と共同で一八七三（明治六）年に設立した通称「河野敦賀海陸運輸会社」であろう。この会社は、敦賀から武生までの交通運輸の利便を向上させることを目的として設立され、それまで敦賀から河野までの海路を航行していた河野浦の七軒の天渡船《てんとせん》業者を入社させて、定時運航を行わせた。一方、河野から武生までの陸路には、九六〇〇円の私費を投じて山道を改修、完成した「春日野《かすがの》新道」に当時としては目新しい人力車《じんりきしゃ》を一定数配置した。このような両家の取組みによって、武生から河野をへて敦賀までの往復は、それまでと比べて飛躍的に便利になったという。

十代目は一九一六(大正五)年二月七日に大阪で没した。▲行年は六三歳。葬儀は、大阪の東本願寺《ひがしほんがんじ》難波別院《なにわべついん》において執り行われ、さらに一九一九(大正八)年十一月、十一代目によって日本海を望む河野浦八幡の地に墓廟が造営された。

子弟のうちでは、吉太郎・小太郎《こたろう》・良助《りょうすけ》・源太郎《げんたろう》・巳之吉《みのきち》・(中村)泰蔵《やすぞう》・小松栄太郎《えいたろう》が、持船の船頭として活躍している。

十代目の時期は、和船船主から西洋型帆船・汽船への転換、海上保険業の創始など、右近家が近代資本家への道を歩み始めた時期でもあった。その足跡を概観すると、十代目は一八八四(明治十七)年、大阪に出てまもなく、現地の有力肥物《こえもの》商人・田中市兵衛《いちべえ》と知りあい、田中の要請によって同人が創立した第四

▼右近家十代目　十代目の人格については、墓碑銘は「君、機を見るにおいて敏、事を行うにおいて果。(中略)人となり謙譲、よく人言を容れ、母に孝を事とし、人に寛恕を待つ、平生書画を好み、また酒を嗜《たしな》み、然るに常には飲まず、身を持すること頗《すこぶ》る厳、毎晨家廟を拝し、父祖の恩に謝すこと一日も怠らず」と記しており、篤《あつ》い信仰心をもった勤倹な商人としての側面とともに、文化を愛した豊かな教養人としての側面をあわせもった人物であったとする。また金相寺十二世住職・右近了教の弔辞《ちょうじ》には、「君ハ、意志頗《すこ》フル厳格ニシテ、常ニ浮薄虚偽ノ事相ヲ嫌貶《けんぺん》シ、而《しか》モ自ラ商人ト称シ、言動倶《つぶさ》ニ謙遜ノ美風アリシ」(大正五年二月二十六日)とあり、謹厳剛《きんげんごう》直《ちょく》でかつ謙虚な人物像が彷彿とする。

十二銀行の頭取に就任した。また一八九二(明治二十五)年三月に創業した日本火災保険株式会社にも発起人として加わり、九三(同二十六)年三月末の時点で、同社株主中第五位の株式を所有するにいたっている。

このころ、政府の手厚い保護のもとに内外海運の独占をはかっていた日本郵《にほんゆう》船《せん》に対し、北前船主を中心に在野の海運勢力の結集の機運が生まれていた。その前身として一八八七(明治二十)年に北前船主らが結集して組織したのが北陸親議会であった。さらに一八九二年、浅野総一郎の呼びかけに北前船主の馬《ば》場《ば》・広海が応じ、右近・猪明《いあけ》・大家《おおいえ》・岸本《きしもと》・浜中《はまなか》らが加わって、日本海運業同盟会▲が結成された。ここに参加した勢力は、これを日本郵船(社船)に対抗するものという意味から「社外船《しゃがいせん》」と呼ばれるようになった。

また彼らは、独自に運営する海上保険の必要を痛感し、日本海上保険株式会社の創立を決議、十二月十二日に同盟会西部臨時総会において準備委員五人を選出したが、ここに十代目権左衛門が選任されている。まもなく開催された発起人総会において、準備委員五人は発起人代表となることが承認され、一八九六(明治二十九)年二月、十代目は日本海上保険の創業総会で七人の取締役の一

▼日本海運業同盟会　一八九五(明治二十八)年十一月二十三〜二十四日に開催された同盟会第四回総会の時点で、会員(船主)は三八人、加盟船舶七八隻(九万七〇〇〇トン)にのぼった。

●——小樽の右近倉庫

人に選出された。

また一八九九(明治三十二)年には、帝国海事協会の設立発起人となり、設立後、評議員となった。さらに同年八月三日、日本海上保険株式会社の第三代社長に就任、また一九〇八(明治四十一)年、大阪財界パニックの際、第五十八銀行に私費五〇万円を提供し、これを救済したことでも知られる。さらに大阪において、一九〇九(明治四十二)年に右近商事株式会社を、また一四(大正三)年に日海《にっかい》興業株式会社を設立している。

また小樽には、明治二十年代に右近倉庫が設けられ、明治三十年代には、岩内《いわない》での炭鉱経営を手がけるなど、北前船の時代から引き継がれた北方市場との関わりもなお深いものがあった。

北前船時代の終焉

十一代目は、十代目の長男として一八八九(明治二十二)年十一月三日に生まれた。幼名は義太郎《よしたろう》。一九一四(大正三)年三月、慶應義塾《けいおうぎじゅく》大学理財科を卒業後、一六(同五)年二月、十代目死去により、第十一代権左衛門を襲名した。さらに

●――十一代目肖像

同年十月、日本海上保険株式会社の第四代社長に就任、のち一九四一(昭和十六)年には同社会長に就任した。

一九三五(昭和十)年ごろには、河野浦の右近邸背後の高台に先述した西洋館を建築している。この時期はあたかも昭和の金融恐慌《きんゆうきょうこう》期にあたり、右近家の普請《ふしん》は、河野浦を中心とする地域経済の活性化・窮民《きゅうみん》対策として相当の効果があったといわれている。また西洋館に水を供給するために敷設した簡易水道を、村民の利用に供したことなども特筆すべき事績であろう。

一九四四(昭和十九)年十月、日本海上保険株式会社と日本火災保険株式会社が合併し、日本火災海上保険株式会社となるにあたり、十一代目は会社会長に就任したが、まもなく四五(同二十)年十二月にはその職を辞して、長男保太郎《やすたろう》に譲った。また第二次世界大戦中に海軍に徴用された所有汽船は、すべて撃沈されてしまっており、戦後は海運業に従事することはなかった。

十一代目は、一九六六(昭和四十一)年四月二十七日に没した。妻政子は、能登の時国《ときくに》家の出で、嫁入りのときに武生駅から乗ってきたという駕籠《かご》が、今も右近邸に残っている。

十二代目は、日本海上火災の社長を務める一方、一九八七(昭和六十二)年から開始された河野村による「北前船の歴史むら」事業に賛同し、村長以下の熱心な要望をいれて、右近邸を河野村に無償貸与した。これにより右近邸は、河野村(現、南越前町)の管理のもと、一九九〇(平成二)年五月から一般公開されている。

●——中村家と刀祢家

河野浦の町並み

ここで右近邸をでて、玄関前の道を向かって右(北)へとたどることにしよう。そこがかつての河野浦から今泉浦へのメインストリートである。といっても人が歩けるだけの細い路地だが、ここから河野郵便局までは、北前船時代を彷彿とさせるような濃厚な歴史的景観が連なる。右近邸から数軒先に北前五大船主の一つ中村三之丞《さんのじょう》家がある。三階の望楼《ぼうろう》造りが象徴的な屋敷の内部は公開されていないが、外観からもその重厚さには圧倒される。さらにその先にはやはり有力北前船主だった刀祢《とね》新左衛門《しんざえもん》家があり、こちらも堂々たる風格をみせる。

刀祢家の先は、船頭や船乗りたちが集住していたと思われる地区になる。こ

河野浦のまつり（吉田博画）

馬借街道入口

ちらも狭い路地のそこかしこになつかしい生活の臭いが感じられ、海に生きた人たちのもう一つの世界をうかがうことができる。ここまで約三〇〇メートル、歩いて五分くらいだが、海沿いの国道を通過しただけでは想像できない歴史的世界が今も息づいているのは驚きだ。

河野郵便局から先は、今泉浦となる。そのまま進み、今泉川の河口に突きあたると、そこが馬借街道と河野船との接続地点である。橋の上には西街道（馬借街道）の案内板がある。橋の向かいにひときわ古雅《こが》な佇まいをみせているのが浜野《はまの》家。となりの西野《にしの》家とともに、馬借船頭宿・問丸《といまる》をしていたといわれ、中世からの古文書を所蔵されていることで、中世史研究者らには有名なお宅である。

馬借街道は、ここから河野川の清流にそって東の山へと分けいっていくが、使われなくなって久しく、鬱蒼《うっそう》とした木立《こだち》や草に覆われている。軽装では立ちいることも容易ではないが、そのためかえって石畳《いしだたみ》や石造物《せきぞうぶつ》などが旧状のまま残されており、山歩きの服装で行けば、中世街道の雰囲気を十分堪能することができるだろう。

③——兵庫津・和田神社を歩く——北前船と尾州廻船が出会う湊

倒壊した和田神社の常夜灯

一九九五(平成七)年一月の阪神《はんしん》・淡路《あわじ》大震災後、壊滅の危機に瀕《ひん》した歴史的史料の救済活動が広く行われるようになり、それらはたとえば「史料ネット」と呼ばれる組織として今日まで活動を継続していることは、歴史関係者のあいだではよく知られている。しかしながら史料ばかりでなく、損壊した寺社奉納《ほうのう》物《ぶつ》・石造物《せきぞうぶつ》に対する緊急調査活動がなされていたことを、私が知ったのは、地震後一年余りあとの一九九六(平成八)年三月末ごろであったと思う。

それは神戸市須磨《すま》区の眞野修さんという方から突然電話をいただいたことに始まった。その内容はつぎのようなものだった。眞野さんたちは、神戸市西部(須磨区・長田《ながた》区・兵庫区)で被災した近世以後の奉納物・石造物の現状調査を実施しており、三月二十三日に兵庫区の和田《わだ》神社を調査した。すると倒壊して放置された一対の灯籠《とうろう》があり、そこに一八五四(嘉永七)年の年記のほか、尾張《おわり》の地名などがみえたため、これは尾州廻船《びしゅうかいせん》のものだろうということになり、それならば私が関心をもつかもしれないとのことで、連絡をくださったという。

　突然の連絡に驚きつつも、ある予感が走った。かつて二度ほど兵庫に赴き現地調査▲をしながらも、ついに見いだすことができなかったものかもしれない。送ってくれるという銘文《めいぶん》の写しを待つことにしたが、奉納した人の顔ぶれ・奉納年などのおおよそを電話で聞いて、新しい事実が確認できるにちがいないと思われた。そして実際にそれは、あらたな知見をあたえてくれるものとなった。

　兵庫津は尾州廻船の西の拠点港の一つであるが、内海船《うつみぶね》主・内田佐七《うちださしち》家の史料によれば、同家の最大の取引先は車屋五兵衛《くるまやごへえ》なる廻船問屋《かいせんどんや》であったことがわかっている。かつての調査の結果、車屋の末裔は消息不明であるが、兵庫市文書館が所蔵する町割図《まちわりず》のなかに、幸いにも車屋の所持地が書き込まれた一枚の地図（新町《しんまち》町割図）を発見できた。これによって車屋が、新町の道を挟む二カ所にかなり大きな町人地を所有していたことや、その奥書《おくがき》から町役人を務めていたことなどが明らかになった。

　しかしその絵図の現地をたずねてみると、その場所はちょうど新川運河《しんかわうんが》（一八七三〈明治六〉年開削）の水面と化しており、しかもかつての新町全体が、巨大

▼兵庫津の現地調査　ここで筆者が探していたものとは、尾州廻船が兵庫津に残した史料や遺物のことである。広域的な活動を展開した廻船商人は、各地の港などにさまざまな痕跡を残している。現地の寺社に奉納された常夜灯などの石造奉納物は、その最たるものである。ちなみに尾州廻船の古文書は、愛知県の地元から多数みつかっており、そこから各地の港で何という商人がその取引先であったかは、ある程度わかっている。それをもとに尾州廻船の寄港先をたずね、その地の取引相手商人の痕跡を探索するのである。これが廻船研究の重要な調査法であると考えている。兵庫津（神戸市長田区）へは、震災前にも二度ほど赴き、現地調査を試み、いろいろと興味深い発見もあったが、不覚にもまだ和田神社には足を踏み入れていなかったのである。

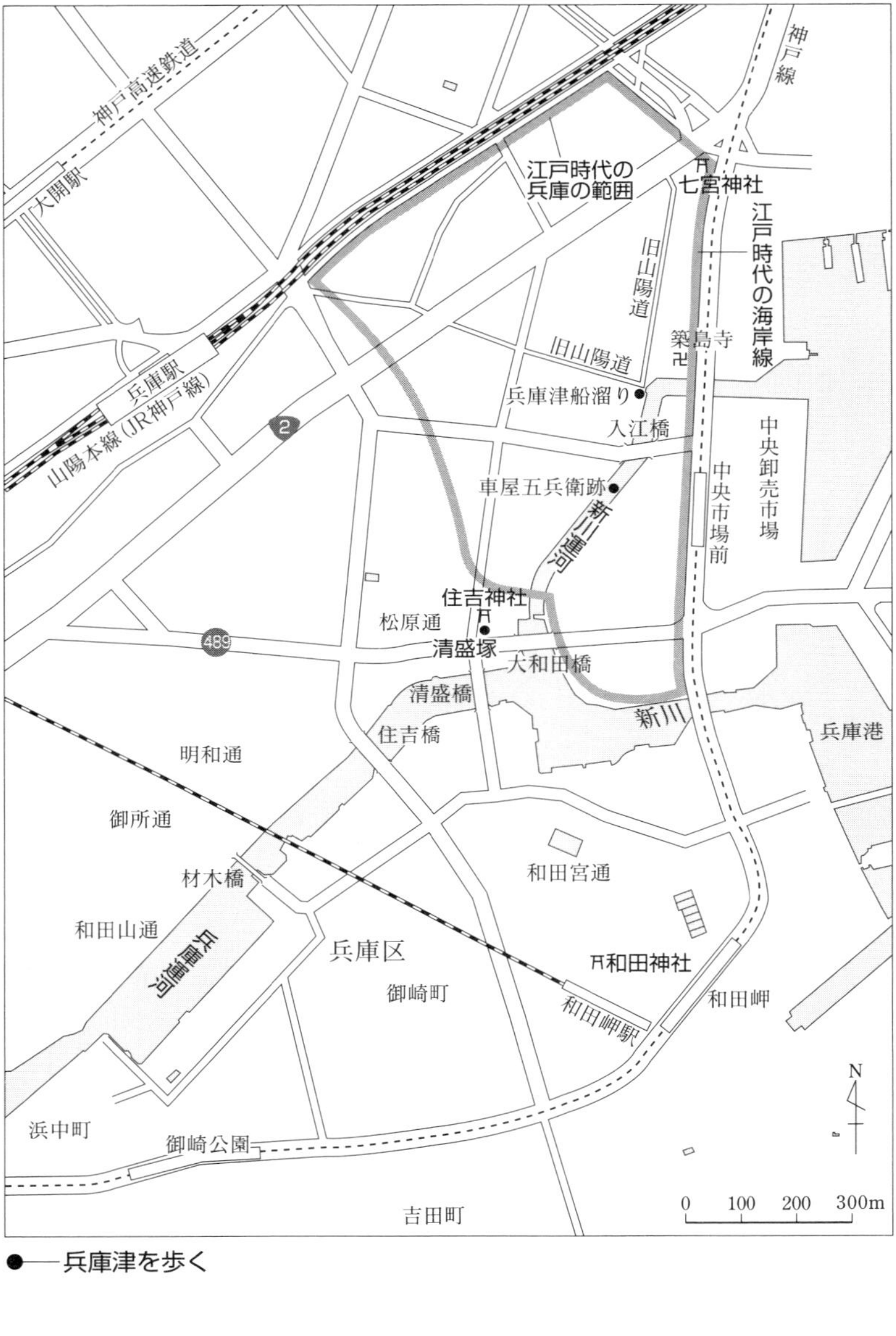
神戸高速鉄道
大開駅
兵庫駅
山陽本線(JR神戸線)
2
江戸時代の
兵庫の範囲
七宮神社
江戸時代の海岸線
神戸線
旧山陽道
旧山陽道
築島寺
兵庫津船溜り
入江橋
車屋五兵衛跡
新川運河
中央卸売市場
中央市場前
住吉神社
松原通
清盛塚
489
大和田橋
清盛橋
新川
住吉橋
兵庫港
明和通
御所通
和田宮通
材木橋
和田山通
兵庫運河
兵庫区
和田神社
御崎町
和田岬
和田岬駅
浜中町
御崎公園
吉田町
N
0 100 200 300m

●——兵庫津を歩く

な中央市場の敷地にのみ込まれ、車屋ばかりかその周辺一帯までが、完全に痕跡を消し去られていた。こうしてそのときの現地調査では、車屋にかかわる墓《ぼ》碑《ひ》や奉納石造物などの手がかりは、まったくえられなかったのであった。ちなみにこの調査の結果は、一九九四(平成六)年五月に刊行した著書『内海船と幕藩制市場の解体』(第三章第三節「西国・北国市場と兵庫の展開」)のなかに記しておいた。

四月三日、待ちかねた眞野氏からの銘文写しが届いた。それはやはり期待に背かないものだった。内海船の有力船主・内田佐七家の「新家《しんや》」(分家)筋にあたる住田《すみた》屋(内田)豊吉《とよきち》をはじめとして、尾州廻船の有力船主らがそこに名を連ねていたからである。さらに兵庫の車屋五兵衛をはじめ長浜《ながはま》屋・下村《しもむら》屋、また江戸の久住《くずみ》・湯浅《ゆあさ》・喜多《きた》村屋・長嶋《ながしま》屋・柴《しば》屋・遠州《えんしゅう》屋、そして浦賀《うらが》の松崎《まつざき》・木《き》屋といった顔ぶれがみえたが、これらはいずれもすでに「内田佐七家文書」においてなじみの名前であり、これこそまさに尾州廻船と各地の商人らが形成した流通ルートの記念碑であることは一見して明らかであった。なおこの常《じょう》夜《や》灯《とう》の詳細についてはその後、眞野氏の「和田神社の石燈籠」(『歴史と神戸』一九六号、一九

●―倒壊した和田神社の尾州廻船常夜灯

●―再建された和田神社の尾州廻船常夜灯

九六年六月）のなかで報告されているので、そちらを参照していただきたい。

忘れられた常夜灯

この常夜灯の最大の特徴は、奉納者たちが地元の住民ではなく、全国的な範囲に散在した船乗りや商人らであったことである。そのためか、眞野氏によると現地ではこの常夜灯は、忘れられた存在であったという。ちなみにこの常夜灯に名前がみえる三人の兵庫商人（車屋・長浜屋・下村屋）ですら、これ以前の筆者の兵庫における調査の際、ほとんど手がかりがなかった面々であるから、それも当然といえよう。こうして忘れられた常夜灯が、はからずもふたたび注目される機縁になったのが、震災による倒壊・破損だったのである。

その後、六月九日に筆者らは現地を訪れることができた。雨のなか眞野さんはじめ地元の研究者の方々のご案内を受け、一四〇年余り昔に尾州の船主らも立ち会って奉納されたであろう常夜灯を実際にみることができた。最初の印象は、期待が大きかったためだろうか、なんとも無惨というものであった。笠石《かさいし》は割れ、竿石《さおいし》もバラバラになり雑草のなかに倒れ散乱していたからである。し

●──和田神社

かしよくみると、割れた部分は一部であり、修復すればもとどおり復元することもできそうだった。また高さのある台座部分は健在で、銘文もはっきりと読むことができた。眞野さんらの実測によると、台座を含めた推定全高は四メートル四〇センチとのことで、往時の偉容が想像された。

また実見して感じたのは、この常夜灯は、和田神社に数多く残る石造奉納物のなかでも、ひときわ目立つ正面入口の鳥居の両側に建立されていた、ということであった。そこは和田神社の常夜灯の設置場所としては、まずまちがいなく一等地といえる場所であった。

もっとも和田神社は、一九〇二(明治三十五)年に三菱重工のドック建設によって旧地を追われ、現在地に移転している。したがってこの常夜灯も、当時とは異なる位置におかれた可能性が考えられなくはない。しかしかつて正面入口になかったものを、移転に際してそこにすえることにしたとも考えにくい。移転時にはすでに尾州廻船をめぐる流通ルートは、その歴史的役割をおえていたと考えられるから、移転時のほうが、この常夜灯の現地での意味あいは、ずっと弱まっていたにちがいないからである。そう考えると、移転の際この常夜灯は、より隅の場所へ移されてもおかしくなかったわけである。寺社において墓碑や記念碑が経済的背景を喪失するや、片隅に追いやられ、さらに廃棄されることはよくあることだからである。

それが移転後も正面入口両側におかれたのは、かつてそれがそこにあったからであり、さらには移転時になおこの碑に少なからぬ存在意義をみいだす関係者がいたことをうかがわせるものではないかと思われた。そうであったとすれば、その関係者とは、この碑が記念する流通ルートが開港以前の兵庫津にとっていかなる意味をもっていたかを知悉《ちしつ》していた人びとであったにちがいない。この常夜灯は、そうした流通ルートの象徴として、それが経済的意味を喪失したあとも、なおしばらくは手篤《てあつ》い扱いを受けていたのではなかったろうか。

なお当日の話では、神社側では破損した石塔は撤去する方針ということで、その去就《きょしゅう》が心配されたが、その後の地元の方々のご尽力によって、保存されることが決まり、ほっとしている。

●――和田神社に残る尾州廻船の常夜灯の銘文

【左側石灯籠】
〈正面〉
世話人
尾州内海　住田屋豊吉
同　角佐兵衛
同　日比勝治良
同中須　大岩彦太良
同常滑　瀧田文三良
〈右側面〉
尾州知多郡
常滑
野間　廻
小野浦
内海　船
久村
中須　中
當津
長濱屋吉松
下村屋安兵衛
〈背面〉
細工人
灘御影
石工清兵衛

【右側石灯籠】

〈正面〉

願主　深川　久住五左衛門
同　丸屋七右衛門
江戸　大坂屋傳兵衛
同　久　住　傳　吉
取次　車屋五兵衛

〈左側面〉

江戸深川　湯浅與右衛門
同　水戸屋治良吉
同　渡辺権三良
同　喜多村富之助干鰯店
同　塩　店
江戸　長嶌屋松之助
同　柴屋仁右衛門
同　遠州屋蝶四良
相州浦賀　松崎與兵衛
同　木屋市兵衛

〈背面〉

細工人
灘御影
石工清兵衛

常夜灯にきざまれた商人たち

そこでつぎに、この常夜灯に結集した商人グループが、どのようなものであるかを検討してみよう。寄進者の肩書をみると、願主《がんしゅ》の四人と個人参加者のうち八人までが江戸の問屋商人であった。ついで世話人の五人と浦単位で参加した六つの浦が尾州廻船の船主らで、そのほか浦賀の問屋商人が二人加わっていた。また願主取次の一人と参加者二人は兵庫の問屋商人であった。

これらメンバーの参加資格は微妙に異なっており、すなわち江戸（深川《ふかがわ》）の四人の商人は「願主」、尾州の五人の船主は「世話人」、そして兵庫の車屋五兵衛は「取次」となっており、これらはいずれも台座正面にきざまれている。字義どおり理解すれば、この常夜灯の発起は江戸商人（願主）、これを受けて組織をとりまとめたのが尾州廻船（世話人）、和田神社への口利《くちき》きをしたのが兵庫の車屋（取次）となり、これら全体が呼びかけ人となろう。

つぎに台座左右の側面にきざまれた人名は、尾張の六つの浦の「廻船中《かいせんちゅう》」（人数不詳）と、兵庫の二人の廻船問屋、および江戸と浦賀の一〇人（店）の問屋らとなり、彼らは呼びかけ人の求めに賛同して加入した参加者といえる。

ところで「願主」を含み参加者の最大勢力でもあった江戸商人らの素性を調べてみると、中心となっているのは干鰯《ほしか》・〆粕《しめかす》などの魚肥《ぎょひ》関連分野の商人であった。したがってここに結集している商人系列は、魚肥をめぐって恒常的に取引関係を有する流通組織を反映したものと考えることができよう。

ちなみに近世中期以後、いわゆる北前船《きたまえぶね》の活性化によって北方《ほっぽう》市場から大量の魚肥（鯡《にしん》）が関西市場に流入し始めると、それまでの関東産魚肥（干鰯）の寡占《かせん》状態は崩されていった。魚肥関連分野は、まさしくこの時期、全国的な規模の流通再編に直面していたといってよい。この常夜灯は、株仲間《かぶなかま》再興令▲がだされた一八五一（嘉永四）年の直後の五四（同七）年という時期に建立されているが、そのことからみても、この常夜灯の建立の背景には、そうした流通情勢があったことがうかがえる。

ところで和田神社の常夜灯を奉納した商人グループの人名から想起されるのは、これと同時期に、ほぼ同じ顔ぶれによって、和田岬《みさき》の篝火《かがりび》常夜灯の建設計画が進められていた、という事実である。計画の内容は、一八五二（嘉永五）年七月に、兵庫の車屋五兵衛から戎講《えびすこう》（尾州廻船内海船の仲間組織）に宛てて送られ

▼**株仲間再興令**　一八五一年に株仲間・問屋・組合の再興を許可した幕府法令。天保の株仲間解散令の結果、かえって市場の混乱から物価が騰貴したため、それを撤回したものだが、株札の発行や冥《みょう》加金《がきん》の徴収を行わないなど、必ずしも天保以前の状態に復したものではなかった。そのため同一業種で以前からの本組と新規の仮組にわかれた仲間が生じ、全体として仲間数や加入者数は急増した。五七（安政四）年大坂では、町人からの出願により冥加金の上納と株札の発行が復活して、本組と仮組の区別は消滅し、江戸でもやがて冥加金の再上納が行われた。（『日本史広辞典』より）

●──金比羅山の絵馬堂前玉垣

てきた書簡からうかがい知ることができる。

それによると、「兵庫津入港の航海目標となる和田岬に、篝火の常夜燈を建立したいので、どのような形のものがよいか、内海船《うつみぶね》側の意見を聞かせてほしい。また運営維持費については無心しないが、建設費の援助をお願いできないか。内海船の船主一統の参会の節にこの旨をご披露頂きご検討を賜りたい」というものであった。さらに翌年の書簡では、計画がいよいよ実現の運びとなったことも告げられていた。

かつて筆者は、この篝火常夜灯の建設を、この時期の兵庫津の入港船の増大に対応するものと考えたが、そこでみられた兵庫津の問屋・車屋と尾州廻船・内海船との連携が、実は和田神社の常夜灯にもあらわれていたわけである。

金比羅山の玉垣・もう一つの商人グループ

さらに関連して想起されることがある。それは筆者がかつて検討した讃岐《さぬき》金《こん》比羅山《ぴらさん》の絵馬堂《えまどう》前玉垣《たまがき》のことである（以下では便宜上、和田神社の常夜灯をA、金比羅山の玉垣をBと表記しよう）。この玉垣Bは、親柱《おやばしら》二二本・小柱一〇五本、

●―金比羅山の絵馬堂前玉垣の銘文

親柱

	湊	問屋名	
1柱親	兵庫	柴屋伊左衛門	世話人
	同	下村屋保兵衛	世話人
	同	瓜屋儀助	
	讃岐	余嶋屋吉右衛門	
		石工久太郎	
13柱親	兵庫	瓜屋彦七	
	同	灘屋嘉助	
	同	阿波屋傳兵衛	
	同	布屋久兵衛	
	同	柴屋久左衛門	
22柱親	兵庫	阿波屋傳兵衛	世話人
	同	米屋藤七	世話人
	同	山田屋新兵衛	世話人

小柱

国	湊	問屋・廻船名	株数
播州	市場	近藤文蔵	2
	小澤村	辻兵七	2
	小計	問屋2	4

全長三八メートル、擬宝珠《ぎぼし》つきの親柱の高さが二メートルという壮大なもので、金比羅山内におびただしく奉納されている玉垣のなかでも、その規模や絵馬堂前という設置場所から、ひときわめだつ存在となっている。

玉垣にきざまれた寄進者らの構成をみると、両端の擬宝珠つき親柱に「世話人」として記されているのは、柴屋伊左衛門《いざえもん》ら兵庫問屋六人、つぎに小柱一〇五本には、参加者らの名前延べ一三〇人がみえ、その内訳は問屋六一軒・船主二三人・廻船四六艘にのぼる。

これを地域別にみると、尾州の船主・廻船が五三人、兵庫の問屋・廻船が四一人、江戸の問屋・廻船が一七人となり、ほかに紀州《きしゅう》・勢《せ》州《しゅう》白子《しろこ》・大坂・播《ばん》州《しゅう》の問屋商人らが若干名含まれる。さらにその内訳を、玉垣にきざまれた名前、および小柱一本の一面を一株と換算した出資数からみるとつぎのようであった。

まず兵庫では、和泉《いずみ》屋一統《いっとう》(一一株)、瓜《うり》屋一統(一〇株)、下村屋一統(九株)、柴屋一統(八株)、山田屋一統(四株)などがめだち、さらに筆頭として北風《きたかぜ》家一統(八株)が別格扱いで加わっていた。ところで一統とは、屋号《やごう》を共有するなど同族結合がみられる商人らをまとめた呼称であるが、これら問屋商人は、いず

紀州	大崎	柏屋荘右衛門	2
	大石浦	丸屋新兵衛	1
	同	栄順丸松兵衛	1
	日置浦	桝屋六兵衛	4
	同	桝屋客船中	2
	同	中屋半兵衛	1
	和歌浦	米屋定右衛門	2
	和歌山	雑賀屋藤助	2
	小計	問屋6　廻船2	15
勢州	白子	久住五左衛門	4
	同	久住店作兵衛	2
	同	久住店武助	2
	同	勢乗丸荘吉	1
	同	長久丸太七	1
	小計	問屋3　廻船2	10
武州江戸	深川	久住五左衛門	2
	同	久住店荘兵衛	2
	同	久住店伊助	2
	同	久住店喜兵衛	2
	同	久住店儀八	2
	同	久住店源兵衛	2
	小網町	久住傳吉	4
	同	寶久丸善太郎	2
	同	寶住丸喜兵衛	2
	同	寶富丸與三兵衛	2

れも兵庫三仲間の一つ干鰯仲買仲間に加入していた者であったことが知られている。

つぎに江戸では、すべてが深川と小網《こあみ》町の久住一統で占められており、さらに勢州白子の問屋もまた久住一統のみであった。この久住一統の総元締《そうもとじめ》で、深川と白子に拠点を有した久住五左衛門《ござえもん》は、伊勢《いせ》出身で江戸で活躍した干鰯商人として有名な人物であった。同人がBに結集した商人グループのなかで中核的役割を果たしていたことをうかがわせるものといえよう。

さらにこの両地を結んだ海運集団が、尾州廻船・内海船であった。その構成は、中須《なかす》の天野《あまの》一統（二八株）と大岩《おおいわ》一統（一四株）、内海西端《にしばた》地区の日比《ひび》一統（一八株）、小野浦《おのうら》の森田《もりた》一統（八株）であった。

以上から、Bに結集した商人グループは、魚肥を対象商品とし、兵庫問屋と江戸問屋、およびこの両者をつなぐ尾州船主が基軸となっていたことが判明した。その点では、AとBに結集したそれぞれの商人系列は、基本的には同じ構造をもっていたことが明らかになった。

ではAとBの商人グループの違いはどこにあったのか。それはAとBにあら

国	湊	問屋・廻船名	株数
武州	同	久住店清七	2
	同	住吉丸清吉	2
	同	久榮丸八百吉	2
	同	久住店市兵衛	2
	同	萬神丸武吉	2
	同	春日丸利吉	2
江戸	同	山王丸新吉	2
	小計	問屋9 廻船8	36
不明		小澤屋兵蔵	1
		八幡丸由兵衛	1
	小計	問屋1 廻船1	2

小柱

国	湊	問屋・廻船名	株数
摂州	兵庫	阿波屋伝兵衛	2
	同	和泉屋久兵衛	4
	同	和泉屋重兵衛	1
	同	和泉屋孫七	1
	同	和泉屋弥兵衛	2
	同	和泉屋利助	1
	同	和泉屋利兵衛	2
	同	市屋甚助	1
	同	瓜屋儀助	2
	同	瓜屋清助	2
	同	瓜屋忠七	2

われる商人名が、一人を除いて重複していないことである。その一人とは江戸の久住五左衛門であるが、そのほかは兵庫問屋・江戸問屋・尾州船主のすべてにおいて、それぞれ別人で構成されていた。このことはなにを意味するのだろうか。A・Bともに同様の商品を扱い、かつ加盟商人や船主の所在地域も共通なのだから、両者は容易に融合してもよさそうなものだが、それぞれがメンバーを峻別《しゅんべつ》する別グループを形成していたのである。

これに関して、兵庫や江戸の問屋商人らの顔ぶれを比較してみると、つぎのようになる。Bでは、兵庫津において由緒と実力で他を圧倒していた北風家を別格として、「干鰯仲買仲間」に加盟する商人らが多数名前を連ねていた。一方、江戸でも、久住五左衛門を中心とした久住一統が中心であった。いわば北風家や久住家のような大商人か、ないしはその系列下にあって株仲間を組織する専業型の問屋が結集していたのであった。

一方、Aでは、Bとかけもちの久住五左衛門を除いて、他は喜多村屋を筆頭に、魚肥以外にも多様な商品株をあわせもち、さまざまな商品を手広く扱う兼業型の問屋が結集していた。ただしBの中心格でもあった久住五左衛門のみは、

摂州	同	瓜屋彦七	1
	同	紀州阿州客船中	1
	同	瓜屋店中	2
	同	北風荘右衛門	4
	同	寶玉丸善三郎	2
	同	北風六右衛門	2
	同	喜多屋儀助	1
	同	小泉屋重助	1
	同	米屋藤七	1
	同	米屋文助	1
	同	下村屋忠兵衛	1
	同	下村屋伴兵衛	2
	同	下邑屋弥兵衛	2
	同	下村屋利助	1
	同	下村屋六兵衛	2
	同	下村屋榮助	1
	同	柴屋伊左衛門	2
	同	佐栄丸佐兵衛	2
	同	柴屋作兵衛	2
	同	柴屋店金助	1
	同	柴屋店重助	1
	同	丹後屋善兵衛	1
	同	長田村専右衛門	1
	同	畑屋治右衛門	2
	同	御影屋幸助	1
	同	御影屋藤兵衛	2
	同	山田屋嘉兵衛門	1

各時期を通じて魚肥に専業化した営業形態を堅持していた。

こうしてみると、AとBに結集した二つの流通勢力は、共通の地域構造をもちながらも、結集した商人の質において、微妙な違いがあったことがみえてきた。

さらに尾州廻船についてみると、A・Bにあらわれる船主のほとんどは戎講に加盟していた。したがって彼らは、毎年七月二十日には揃って内海で年次総会を開催し、「参会評議」を行っていたことになる。つまりAとBに分かれた尾州の船主らは、地元では協力して自律的な仲間組織を運営していたのであった。

しかしこのうち、Aに加盟していた住田屋豊吉(内田佐七家の新屋《しんや》)や角《すみ》佐《さ》兵《へ》衛《え》は、内海浦のうち東端《ひがしばた》地区に属し、Bに加盟していた日比安左衛門《やすざえもん》らは、西端地区に属する船主であった。東端と西端とは、内海川を挟む対岸に位置しており、戎講の開催にあたっては、隔年で会場提供および運営を交代するならわしになっているなど、戎講の内部にあって、相対的に自律的なまとまりを保持していた。またAに結集した船主らは、尾州廻船のなかでも天保期以後に急速に成長してきた勢力であったのに対し、Bのそれは以前から有力な船主で、比

国	湊	船主・廻船名	株数
摂州	同	山田屋治助	2
	同	山田屋新兵衛	1
	同	山屋喜助	1
	大坂靫	柴屋喜助	2
	同	柴屋定助	2
	小計	問屋40 廻船3	69

小柱

国	湊	船主・廻船名	株数
尾州	中須	天野兵左衛門	8
	同	喜宝丸	1
	同	久宝丸	1
	同	天野兵太郎	7
	同	住宝丸	1
	同	住久丸	1
	同	住吉丸	1
	同	天野兵右衛門	3
	同	明宝丸	1
	同	天野増蔵	1
	同	恵宝丸	1
	同	天野徳五郎	1
	同	徳宝丸	1
	同	大岩彦九郎	3
	同	永吉丸	1
	同	永寿丸	1
	同	永栄丸	1

較的保守的な勢力であったといえる。尾州廻船が、AとBとに分かれていた背景には、こうした微妙な違いがあったことが指摘できるであろう。

競合する商人ネットワーク

ところで商業の発展とは、商人における取扱商品の専門化の進展が指標の一つとされてきた。こうした見方に立てば、Bに結集した商人群のほうが、より発展した段階の商人群であったということになる。しかし実際には、Bに結集した商人には、兵庫のしにせ北風家を筆頭に、干鰯仲買ら株仲間商人が多かった。一方、Aに結集した商人には、株仲間外の商人が多く、また兼業化によって干鰯取引へ参入した問屋らが多かった。そしてこれらAの商人らのほとんどは、文化〜天保期から嘉永期にいたり兼業化を著しく進展させた者たちであったことが知られる。こうした点からも、むしろAの商人らはBに比べ、相対的には新興の商人であり、新規参入してきた者たちであったと考えられる。

ちなみに近世後期における問屋の兼業化は、江戸では、日本橋《にほんばし》・小網町界隈《かいわい》から霊岸島《れいがんじま》・深川界隈へと移転する動きと連動していた。こうしてみると、A

尾州		
同	大岩九兵衛	1
同	永幸丸	1
同	大岩幸右衛門	1
同	永通丸	1
同	大岩清右衛門	1
同	伊勢丸・伊徳丸	1
同	大岩彦太郎	1
同	永寿丸	1
内海	日比弥兵衛	2
同	伊勢村勝治郎	1
同	伊勢丸伊八	1
同	伊光丸傳十郎	1
同	伊長丸新兵衛	1
同	伊良丸嘉吉	2
同	日比安左衛門	1
同	永福丸吉兵衛	1
同	喜吉丸善右衛門	1
同	永神丸伊三郎	1
同	日比五郎左衛門	2
同	大豊丸	1
同	伊勢丸	1
同	日比丸左衛門	1
同	沢口平助	1
同	日比七郎右衛門	1
同	大岩甚三郎	1
小野浦	森田紋左衛門	1
同	森田幸助	1

の江戸商人らのほとんどが、深川地区に集中していたことは、まことに示唆的であるといわねばならない。

こうしてみると、A・Bにその名がきざまれた二つの商人グループは、その性格において明確に違いがみられるのであり、おそらく両者は対抗とまではいかなくとも、競合関係にはあったものと考えられる。こうみてくると、Aが一八五四(嘉永七)年の三月に、Bが同じ五四年の九月に奉納されていたのも、おそらくは偶然でなく、そうした緊張関係が背景にあったとみるのが妥当であろう。

先述した著書では、Bの玉垣は、兵庫と江戸と伊勢の商人、ならびにこれらをつなぐ内海船の商人ネットワークによって、全国の海商への宣伝のために金比羅山に奉納されたものと考えた。しかしAの常夜灯の登場によって、Bの玉垣の奉納動機はそればかりでなく、実はAへの対抗という側面もあったらしいことを突きとめることができた。この時期に、魚肥流通をめぐって全国的な商人グループに二つの勢力があり、両者は競合関係にあったらしいということは、これまで知られていなかった事実であり、これが明らかにされただけでも、和

尾州	同	観勢丸忠五郎	1
	同	住勢丸永吉	1
	同	森田忠兵衛	1
	同	森田忠五郎	1
	同	大榮丸	1
	同	春榮丸・豊榮丸	1
	同	山本定助	2
	小計	船主23　廻船30	72
総計		問屋・船主84　廻船46	208

『金毘羅庶民信仰資料集』第二巻による。

田神社の常夜灯が再発見された意義は大きいというべきであろう。さらには「戎講文書」でもうかがい知ることのできなかった、戎講内部の微妙な対立構造までもが浮き彫りにされるなど、Aがもたらした知見は多岐にわたるものである。

こうしてたった一つの、しかも破損して廃棄されかかっていた常夜灯から、全国にまたがる壮大な商人ネットワークの存在と、さらに対立競合する商人ネットワークの存在がよみがえってきた。これまでは個別にとらえてきた金比羅山の玉垣と、和田岬の篝火常夜灯とが、この和田神社の常夜灯の出現により結びつけられ、より大きな歴史像のなかに位置づけられたといえる。

文献史料ではわかりにくい商人系列のような情報こそ、これら石造物がもっとも得意とする情報であり、商業史・流通史研究において、これら寺社奉納物の一層の調査研究が要請されるゆえんもここにある。そうした点からみると、近年、こうした石造物・奉納物への調査が各地で進められていることは心強い。海運商人らが篤く信仰し、またおびただしい石造物・奉納物があることで知られている金比羅山では、山内のすべての奉納物が精密に悉皆《しっかい》調査され、報告書が刊行されている。しかし未調査の有力寺社もまだまだ多い。しかしここでみたように、寺社奉納物は、これまでにない新しい商業・流通史イメージの構築にとって、貴重な資料となりうることは確かであろう。

今後は、寺社奉納物に対する地道な調査の進展とともに、それを集約し全体が俯瞰《ふかん》できるような作業も必要となるのではなかろうか。さらにたとえば、常夜灯と玉垣あるいは鳥居では、寄進する側に込められた願意に違いがあるのか、または時期ごとに奉納品の種類や意匠、さらには奉納先などに流行や違いはあったのか、といった疑問が、商業・流通史の文脈と結びつけて論じられるべき時期がきているように思われる。

●—河口からみた石巻

④—石巻湊を歩く——はるかなる尾張との密接なつながり

大河と海とが出会う町

仙台からＪＲ仙石線《せんせき》で約一時間、石巻《いしのまき》駅に着く。石巻は、東北地方最大の河川「北上川《きたかみがわ》」の河口の港町である。河川整備の進んだ今日もなお、北上川の悠々とした流れは、日本には珍しい大河の趣きをみせるが、この地の人びとははるか太古の昔から、この川をまたとない水上の道として利用してきたことが知られている。しかしながらその流れは、この地の人びとに恵みをもたらしたばかりではなかった。東北地方は、古代から近代まで、繰り返し中央政権による軍事的征服を受けたが、その際、北上川は征服者にとってしばしば重要な戦略ルートとしても用いられたからである。

古く七六〇(天平宝字四)年、北上川下流を押さえる要衝《ようしょう》の地(旧河北《かほく》町)に中央政権によって「桃生城《ものうじょう》」が築かれ、さらに八〇四(延暦二十三)年には、北上川の中流に志波《しわ》城が設置されて、ここに三万五〇〇〇俵の「兵粮《ひょうろう》」が「河陸両道」で運ばれたとされるなど、北上川はすでに古代から、中央政権の東北支配の道具と

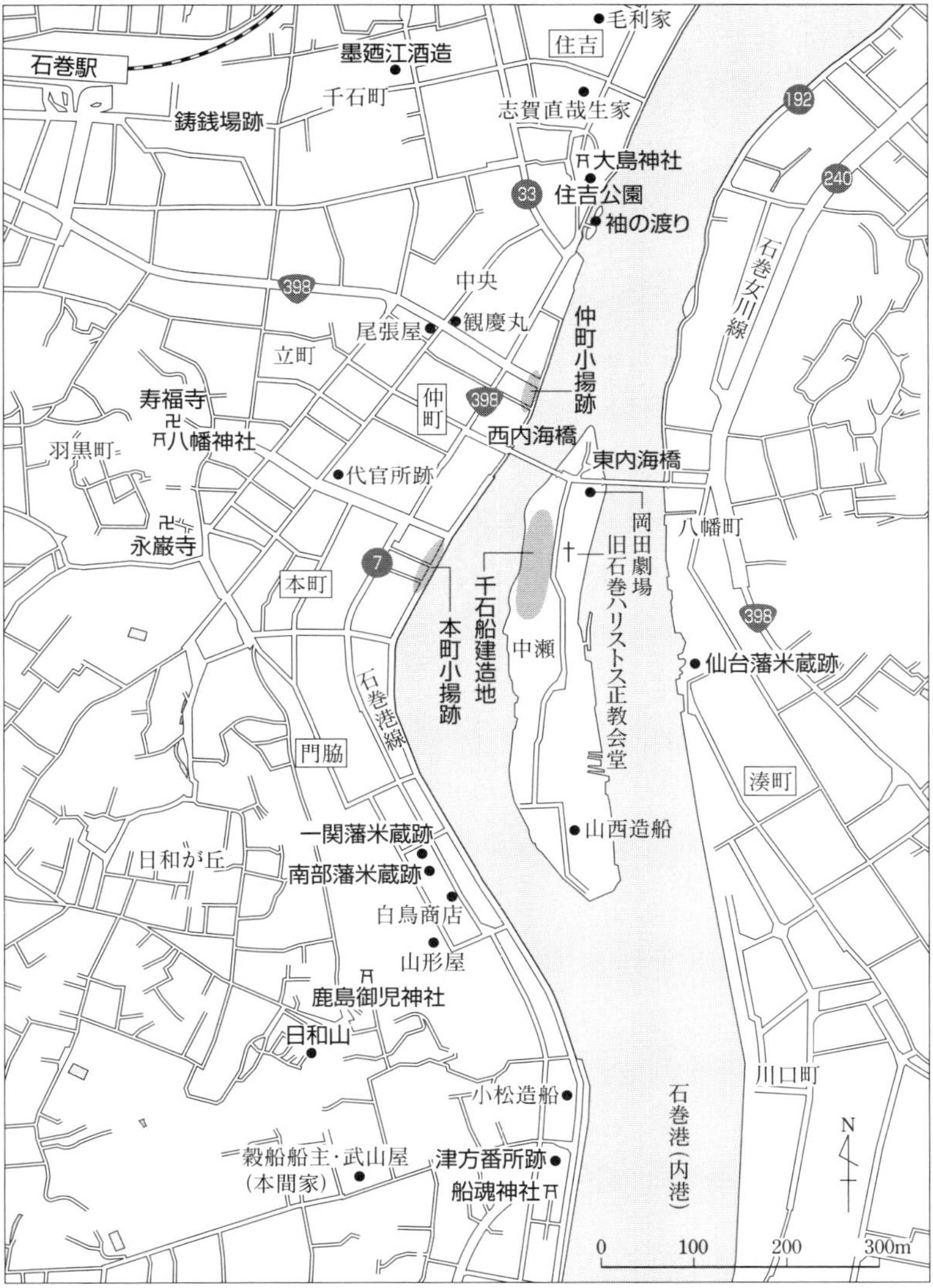

●—石巻湊を歩く(2010年現在)

●—柳御所跡から出土した常滑焼の大甕

●—水沼地区の景観

して利用されていたことがうかがえる。ちなみにこの地の住人「蝦夷《えみし》」と中央政権とのあいだに起こった古代最大の戦い「三十八年戦争」では、北上川の中下流域が主戦場となったが、それは北上川の支配権をめぐる戦いでもあったともいえる。そのためか戦争のさなかの八五九（貞観元）年、中央政権は、桃生城の鎮《ちん》守《じゅ》「日高見《ひたかみ》神」に「従四位下《じゅしいのげ》」の位を授けている。ちなみに日高見とは、北上川流域地域の誇りある自称であったというが、これを取り込もうとする中央政権の意図がみえる。この日高見は、今日「北上」の語源にもなっている。

古代末期になると、この地は、北上川中流の平泉《ひらいずみ》を拠点とする奥州《おうしゅう》藤原氏《ふじわらし》によって支配されるようになる。藤原氏は、北上川水運や太平洋海運を活用して遠隔地と結びつくことによって、地域支配を強めたとされるが、その証拠として、平泉の藤原氏の居館《きょかん》跡「柳御所遺跡《やなぎのごしょいせき》」からは、東海地方で生産された常滑《とこなめ》焼《やき》・渥美焼《あつみやき》のカケラなどが大量にみつかっている。距離にして九〇〇キロも離れた東海地方の常滑・渥美地域と、東北地方の平泉とは、すでに古代末期において、密接なつながりが確認できるのである。

一九八三（昭和五十八）年、石巻市水沼《みずぬま》地区で窯跡《かまあと》が発見された。調査の結果、

水沼地区の佇まい

水沼の龍泉院

これらの窯は十二世紀前半のものとわかった。出土した陶器のカケラなどから、この窯の製品は、当時の常滑焼・渥美焼ときわめて類似したものであるが、ただその質と量は、本場のそれには劣るものとされた。調査にあたった藤沼邦彦氏は、ここ水沼の地に、常滑・渥美から工人が来住して竈《かまど》を築き、陶器の生産にあたったとみられること、その主たる消費先は、平泉であったことを明らかにした。

中世の知多と石巻

こうしたつながりは、その後の奥州藤原氏の滅亡により中断したものと考えられてきた。しかし中世になっても、知多《ちた》地域と石巻地域のつながりが途絶したわけではなかったらしい。水沼地区に龍泉院《りゅうせんいん》という古刹《こさつ》がある。この寺には、つぎのような伝承が残されている。龍泉院の旧名は龍源寺《りゅうげんじ》といい、この寺の開基は、尾張《おわり》の知多内海《うつみ》に今もある性海寺《しょうかいじ》の第三世住持《じゅうじ》・天以乾斎和尚《てんいかんさいおしょう》であったという。この和尚は、七〇歳までは内海の性海寺の住持を務め、その後奥州行《あん》脚《ぎゃ》へと出立して水沼の地にいたったという。これを迎えた水沼の有力者「亀山《かめやま》

●──知多の性海寺

伊勢《いせ》」なる者が、自家の山荘をあたえて寺としたのが「龍源寺」（現在「龍泉院」）の創始であるという。また天以乾斎は、桃生郡・牡鹿《おしか》郡・本吉《もとよし》郡（宮城県北部）に三五もの末寺《まつじ》を開山し、一五五五（天文二十四）年、九五歳で龍源寺にて没したという。

ところで内海の性海寺は、その創建時から奥州との密接な関係がみえていることも知られる。常滑焼の産地にほど近い緒川《おがわ》の地（阿久比《あぐい》町）に乾坤院《けんこんいん》という寺がある。その第四世周鼎中易《しゅうていちゅうい》和尚なる人物が、一四九〇（延徳二）年に、内海中之郷《なかのごう》村に性海寺を開山したのであるが、その後奥州行脚の旅にでて、一五一九（永正十六）年、東磐井《ひがしいわい》郡千厩《せんまや》（岩手県一関《いちのせき》市）に開山した大興寺《たいこうじ》において七〇歳で没した、という。

このように東海地域の宗教者が、晩年になると奥州に赴き、布教活動をしつつその地で没するということが当時、行われていたらしい。こうした伝承は中世における奥州観をうかがううえでもはなはだ興味深いが、ここでは性海寺の天以乾斎和尚が、水沼を東北布教活動の拠点と定めたことに注目したい。それは、古代末から、物（陶器など）と人（工人ら）の多様な交流によって結ばれてきた知多と石巻水沼の多様な交流を基礎にしたものと考えられるからである。また和尚を支援した地元の有力者が「亀山伊勢」を名乗っていたとされることも、伊勢湾地域にゆかりの者が中世になっても水沼の有力者として存在していたことをうかがわせている。

近世の知多と石巻

知多地域と石巻地域とのつながりは、その後、近世に至ると石巻の東郊（水沼地区とは丘陵を隔てて隣接）に位置する渡波《わたのは》地区でみいだせる。江戸時代中期の安永年間（一七七二〜八一）、仙台藩が全領の村々から提出させた書出しをまとめた地誌に「風土記御用書出《ふどきごようかきだし》」▲なるものがある。このなかに、地域でとくに由緒ある百姓を書き上げた「代数有之《だいすうこれある》御百姓書出《おひゃくしょうかきだし》」という記述がある。渡波地区で取り上げられた百姓は二一人であったが、そのうち八人までが「内海《うつみ》」姓であったことが注目される。この内海姓が、知多の内海から移住したことによるもの、とされることは、たとえば組頭・内海甚左衛門《じんざえもん》家のつぎのような記述にもうかがうことができる。すなわち「先祖、美濃《みの》国野間《のま》内海出生にて、御当国へ

▼「風土記御用書出」に記された渡波

渡波は「根岸村端郷《はしごう》渡波町」となっており、近世になってから開発された新興の町場であったことをうかがわせているが、そこに記された成立年代によれば、渡波の本町が一六四一（寛永十八）年、裏町が八〇（延宝八）年、南町が一七一三（正徳三）年、新田町・新町が六九（明和六）年にそれぞれ「宿《しゃく》立《だて》」されたという。ちなみに安永当時の人口は二三六九人、うち男が一二三六人、女が一一三三人で、さらに馬が一八四疋、船が八七艘（「御穀船《おこくぶね》」天当船《てんとうせん》が二艘、「五十集《いさば》商船《あきないぶね》」のほか、茶船一艘・小船一〇艘、小晒船《こさらし》一艘・颯波《さっぱ》船五七艘）、また当地の特産品として有名なものに塩があり、「御塩焼場」塩田三八町四反九畝一八歩に付属して塩煮釜四二・釜屋二二があり、塩煮人頭八一人がいた。

●—渡波の景観

まかり越し、天文年中より当所住居の由」という。野間と内海は知多半島にあって隣接する浦であるが、同家の先祖はこの辺りで出生し、天文年間（一五三二〜五四）に当所（石巻渡波）にやってきたというのである。ちなみに美濃国は尾張国の誤記だが、それがかえってこの記録が連綿と語り継がれたものであることを実感させる。

また先の記述に続き、内海甚左衛門家は「当所、法巡山宮殿寺《ほうじゅんさんきゅうでんじ》開基つかまつり」という。これが事実であれば、宮殿寺の開基は一六一九（元和五）年とされるので、当家は近世初期には寺を創建するなど、渡波地区の開発を主導する存在であったことがうかがえる。

この内海甚左衛門のほかに渡波の有力者として、内海孫六《まごろく》（場肝入《ばきもいり》）、内海惣《そう》六《ろく》（御蔵守《おくらもり》）、内海市郎左衛門《いちろうざえもん》、内海源吉《げんきち》らの名もみえる。彼らは渡波塩田《えんでん》の「釜主《かまぬし》」でもあり、渡波の内海一族は、とくに製塩技術をもって活躍していたらしい。ちなみに内海一族の本貫地・知多半島は、すでに古代から活発な製塩で知られ、近世には、三河《みかわ》湾を挟む対岸の三河吉良《きら》（愛知県西尾市）が、一時瀬戸内の赤穂《あこう》に対抗するほどの製塩地として有名になった地域でもあった。

●石巻の尾張屋　尾張の特産である瀬戸物を取り扱っている。

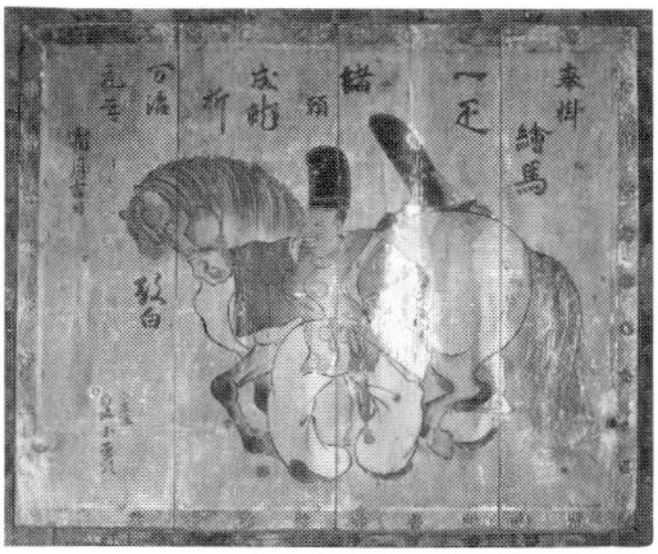

●零羊崎神社の大絵馬

渡波ほどではないが、石巻中心部の旧家や商家の姓や屋号《やごう》にも、伊勢湾地域の浦々の地名がみられる。現存するものだけでも、尾張屋・奥田《おくだ》屋・三河屋・岡崎《おかざき》屋・伊勢屋・白子《しろこ》屋などがそれにあたる。また歴史上では、伊達政宗《だてまさむね》が慶《けい》長《ちょう》遣欧使節・支倉常長《はせくらつねなが》らを派遣するため建造したサンファン・バウティスタ号に同乗した当地の商人・野間半兵衛《はんべえ》や、一六五八(万治元)年に、石巻河口をみおろす牧山《ぎやま》の零羊崎《ひつじざき》神社に大絵馬《えま》を奉納した内海小平治《こへいじ》もこれにあたる。内海小平治は、石巻の湊《みなと》地区にあって近世には、仙台藩の湊米蔵の蔵守を勤めた家であったという。ちなみに知多の内海で、近世をとおして最大の船主家に前野《まえの》小平治がいたことは、①章で述べたとおりであるが、この両者の名前の相似性も気になるところである。

さらに近代になると、水沼出身で渡波で財をなした豪商・内海五郎兵衛が、一八七六(明治九)年に私費を投じて石巻中心部の北上川の中瀬にかけた橋は、その後の石巻の発展におおいに寄与し、その名は「内海橋」として残された。さらにまた、明治ごろ、内海橋のたもとで、劇場を興行していた新美《にいみ》氏なる人物も知多・半田《はんだ》の出身であったという。

もとより石巻は、奥州第一の港湾都市といわれ、各地から来住した人びとが混在したのは当然のこととはいえ、およそ九〇〇キロも離れた東海地方の地名が、当地の姓や屋号にこれほど集中して残っているのは、やはり注目すべきことではないかと思われる。常滑焼の奥州への移入から始まる知多半島と石巻との交流は、中世から近世を通じて、途切れることなく続いていたのである。姓や屋号は、かつての壮大な歴史交流が残したかすかな痕跡ではあるが、石巻にはそれらが濃密に残り、かつての交流を今に伝えているのである。

いわき市中田地区の浦証文から

太平洋に面した福島県いわき市錦《にしき》町中田《なかだ》地区の八坂《やさか》神社から、一九九八(平成十)年、約七〇〇点の古文書が発見された。一六八七(貞享元)年から昭和期におよぶその文書のなかに、二三点の「浦証文《うらしょうもん》」▲があった。この地は砂浜海岸が続くため避難港がなく、沖を行き交う廻船《かいせん》にとっては難所であった。近世を通じて、この浜で遭難する廻船が後を絶たず、その都度作成された浦証文は、やがて村の鎮守の八坂神社におさめられたとみられる。

●――住吉地区からみた中瀬と内海橋

▼浦証文　海難があったことを現地の村役人や浦役人が証明したいわば事故証明書。浦切手・浦手形・浦状とも呼ばれた。船員による偽装難船を防止するため制度化されたもので、海難にあった船頭はこれをもって賠償責任を免除され、海損すなわち損害分担の処理が行われた。

●—いわき市中田・八坂神社

ところでこれら浦証文が記す難破船のほとんどは、やはり奥州地域を根拠地とする廻船であったが、そのなかに一件だけ、知多半島師崎《もろざき》港の廻船がこの地で難破したことを示す浦証文が残されていた。

この証文は寛政四(一七九二)年三月十日付けで「尾張国師崎・船頭《せんどう》・益右衛門」以下一三人の船員らの連名で「地元御役人衆中」宛てに差しだされたものである。その内容を意訳してみると、つぎのようになる。

私どもは、さる(寛政三〈一七九一〉年)十二月七日に、江戸新橋《しんばし》の和泉屋《いずみや》三郎兵衛の雇船(チャーター船)となり、十二月二十六日に仙台領の石巻湊に川入《かわいり》(入港)し、今年の二月十日には、和泉屋三郎兵衛へ御渡しとなる仙台藩の御廻米《おかいまい》一七三三俵と、ほかに和泉屋の購入米二六六俵、二口あわせて九四七石六斗四升、さらに米一〇石七斗五升を船頭水主《せんどうかこ》らの食料米として、石巻にて御積立てを受けました。

二月十五日に出発しまして(中略)三月六日暮には、銚子《ちょうし》河口へ走り着きました。そこで引船《ひきふね》(曳航船《えいこうせん》)の「招き」(旗などの信号)をあげましたが、もはや日も暮れて引船にもであえず、しかたなく夜どおし南風のなか沖合で間《ま》

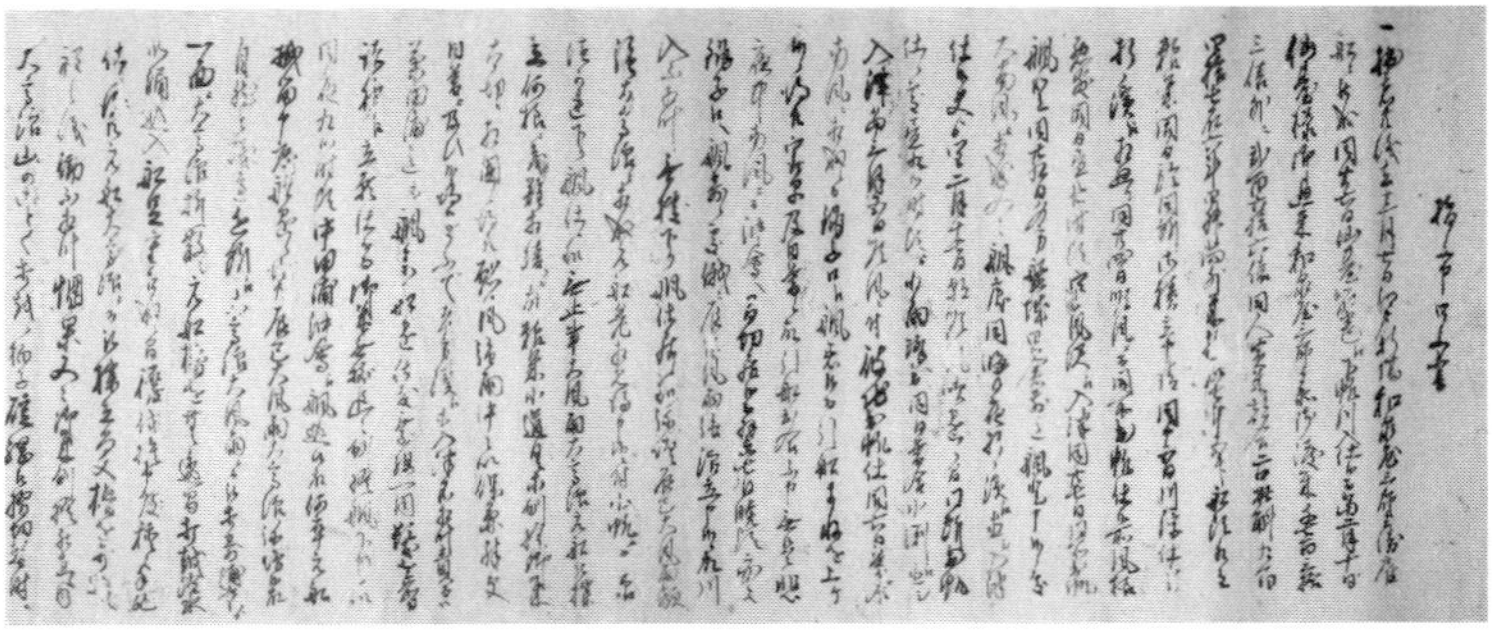
●——尾州廻船の難船証文

切《ぎ》り(逆風ジグザグ走法)をし、翌七日暁ごろに、またまた銚子口へ走りよりましたところ、にわかの辰巳風《たつみかぜ》(南東風)と強雨と波浪で川入ができず、やむなく戻り走りしておりましたが、いよいよ大風と雨が強く大高波になり、本船があやうくみえましたので、小帆をあげ「浪《なみ》つかれ下り艀《はせ》」(つかせ走り=荒天時の安定化走法)をしておりましたが、(嵐はいっこうに)おさまる気配もなく、本船はもみくちゃにされ、どうにもしのぎがたく、(まずは)粮米《りょうまい》(船内食料米)と小道具を刎《は》ねすて(投棄し)、御米は大切に囲いおきましたが、烈風強く日暮になりましたので、平方《ひらかた》湊へは入津できないであろうがせめて菊田浦までも走りつき停泊したいと、乗組一同髪を切り、諸神へ立願し、御米もやむなく徐々に投棄しつつ走り戻りました。

同夜午後零時ごろ、中田浦の沖合へ走りこみましたので、どうにか本船を「掛留《かけとめ》」(投錨停泊)したく、(沖合に)停泊しましたが、辰巳の大風と雨と大高浪がさらに激しく、(本船は)しだいに磯辺付近へと打ちよせられ、海中一面に大高波が飛散して、本船の櫓《やぐら》を透き間なく打ち越え、淦水《あかみず》(浸水)が踊り込み、船足重《ふなあしおも》くなり(喫水線《きっすいせん》が下がり)ましたので、(こうなっては)檣《ほばしら》を伐《きり》

●難船絵馬

▼交流事業　このような縁で、いわき市中田地区では、難破した尾州廻船の拠点港・師崎との交流事業が一九九八（平成十）年に実現した（『福島民報』同年七月四日）。

捨《す》てようと、種々手段を講じましたが、大高波で本船はもみくちゃにされ、（船員の）働きもかなわず疲れ果て、また御米を刎ねすてておりましたところ、大高波が山のように船を打ち越えました拍子に、碇綱《いかりづな》が摺《す》り切られ、（本船は）暫時に菊田浦中田浜に打ちつけられました（座礁）ので、船中はあわてふためき、もはやこれまで命も助かるまいと途方にくれましたが、なるべくならば助かりたいと伝馬《てんま》船（搭載の小型船）へ乗り移り、そうこうしているうちに、大高浪にて本船は舳《へさき》の五尺《ごしゃく》や垣廻《かきまわ》り（舷側板）まで打ち破られ、伝馬船は高浪で打ち払われ、神の御加護か渚《なぎさ》へ打ちよせられました拍子に、乗組員は残らず海に飛び込み丸裸で渚へ上がり、不思議にも助かりました。本船は同夜午前二時ごろに、微塵になりました。

　まもなく明け方になりましたので、（当地の）村役人衆中へ（難破した旨を）訴え出ましたところ、さっそく（村人が）駆けつけ介抱してくださり、▲また御領主様の御役所へも御注進なされ、さっそく（浦役人）が現地に御出張になり、すべて手厚く処置をお命じになられ、なおまた海面が静まりましてからは、御米の引揚捜索船をお命じになり、重ねてありがたいことと存じ上げます。荒海のことゆえ、沖のほうへの引潮が早く、御米は一俵もあがらず、現場は私どもも見届けましたが、（漂流物は）一切みえませんでした。以上、時化《しけ》の次第を、御尋ねにつき申し上げましたが、このとおりまちがいございません。私どもは印判《いんばん》（ハンコ）を流失しましたので、爪印《つめいん》でもって、供述書をここに提出いたします。以上。

江戸時代のなかば寛政年間（一七八九〜一八〇一）にも、知多半島の廻船は、仙台藩米・商人米の輸送に従事して、はるばる石巻港に入港していたのである。

江戸商人・奥三郎兵衛と石巻の白鳥喜七

ところでこの史料によると、このとき、師崎船をチャーターして、石巻港に差し向けたのは、江戸新橋の和泉屋三郎兵衛（奥三郎兵衛）なる商人であった。この者については、すでに興味深い事実がいろいろとわかってきている。

まず、江戸幕府が幕末の嘉永年間（一八四八〜五四）に株仲間《かぶなかま》の再興にあたって調査した「嘉永再興調」によれば、奥三郎兵衛は「関東米穀三組問屋」に加入する米穀商人▲であった。

▼江戸の米穀商人　ちなみにこの時期の江戸市中の米穀商には、「下り米問屋」「関東米穀三組問屋」「河岸八町米仲買」「地廻米問屋」「脇店八ヶ所組米屋」の区別があり、それぞれ仲間を結成しつつ、相互に機能を分担して、全体として江戸の米穀流通機構を形づくっていた。

このうち「下り米問屋」は、数軒から一〇軒ほどがあり、江戸より西からくる「下り米」を独占し、米仲買のみに売却する商人であった。一七二九（享保十四）年に六軒、九四（寛政六）年に一二軒、一八一二（文化九）年に八軒あった。文化期の顔ぶれは、高間・内田・天野・鳥居・浜住・西宮・森田といった面々であった。

和泉屋が加わっていた「関東米穀三組問屋」は、一九軒から二六軒ほどがあり、関東・奥州からくる米を独占し、これも米仲買のみに売却する商人であった。

このように和泉屋は、奥州米・関東米を専門に買いつけ、江戸市中へ売却する商人であり、和泉屋にとって石巻との関係は中心的なものであったが、同時に尾州《びしゅう》廻船との関係も有していたことがわかっている。実際に内海船の内田佐《さ》七《しち》家の江戸での取引先の一つも和泉屋であった。▲

つまり和泉屋は、奥州からやってくる廻船から奥州米を購入して江戸市中に売り捌《さば》いていたばかりでなく、同様に奥州産の菜種《なたね》・〆粕《しめかす》などを購入して、こちらは尾州廻船に売り込んでいたのである。

ちなみに尾州廻船は、江戸へは下り米・下り塩・雑貨などをもたらしていたが、その帰り荷として、このように江戸にもたらされた奥州産品などを買積していたわけである。さきに寛政期に和泉屋が師崎船をチャーターして石巻に派遣した事例を紹介したが、その背後には、江戸の問屋商人のこうした中継取引とでもいえる機能が存在していた。

さらに江戸の和泉屋は、奥州産米の最大の拠点港たる石巻に、出店を開設していたことが最近の調査で明らかになった。和泉屋(奥)三郎兵衛から出店の開設を命じられ、石巻に下向してきたのが白鳥《しらとり》喜《き》七《しち》であった。二〇〇二(平成十

▼和泉屋との取引　たとえば、内海船・内田家の廻船住吉丸は一八七四(明治七)年十二月、江戸に入港し、和泉屋三郎兵衛から「岩《いわ》城《き》菜種」一六九叺《かます》と「〆粕」二五〇俵を購入している。このとき一緒に大坂屋新七から「八戸《はちのへ》大豆」二〇五俵、ならびに森川伊兵衛から「南部《なんぶ》花巻大豆」一五〇俵も購入した。

住吉丸は、一八七五(明治八)年一月に伊勢に到着しここで積んできた荷物を売却している。和泉屋で購入した「岩城菜種」は、二口に分けられ、四日市の田嶋屋與兵衛《よへえ》に一〇〇叺、矢野の義住商社《よしずみしょうしゃ》に六九叺が売られた。また「〆粕」は全量が田嶋屋に売られた。

●——白鳥喜七

●——奥三郎兵衛家

四）年秋、白鳥喜七の孫にあたる柏ますさん（石巻市旭《あさひ》町）から昔のようすを聞かせていただく機会にめぐまれ、それによりそうした経緯が明らかになった。ますさんの証言はつぎのようなものであった。

白鳥家は、もともとは信州《しんしゅう》境に近い甲州《こうしゅう》白鳥村の出身であったが、喜平《きへい》とます夫婦は、江戸に出て「め組」の纏《まとい》もちになった。夫婦は一〇人の子どもにめぐまれたが、なかでも七番目の喜七は、人並みすぐれて賢く、やがて日本橋の問屋街にあった米穀商・奥三郎兵衛商店に奉公《ほうこう》に上がった。年をへて喜七は、奥商店にいた五〇人余の使用人のなかでもとりわけ抜きん出て、主人の信頼も勝ちえて、奥商店の大台所で奥州米の集荷出荷港であった石巻へと、いわば「支店長」として派遣された。喜七は、深川に家があったが、両親と兄弟を残しての「単身赴任」であった。そのころの奥州街道は寂しく、山あり谷あり、山賊も出没するので、用心棒として角力《すもう》の幕下奴《まくしたやっこ》を従えて、一カ月余もかかる旅だったという。

石巻への第一歩は、北上川岸の内海橋のたもとにあった船宿「俵屋」で、そこは石巻に新規移転する者の「草履《わらじ》脱ぎ場」でもあった。喜七はこうして石巻に落

●——白鳥商店界隈(二〇〇二年撮影)

ち着き、たちまち優れた商才を発揮して、商いも軌道に乗り、奥商店の石巻出店・白鳥商店として、石巻屈指の存在となっていった。

また喜七は、千石船《せんごくぶね》への船出しの便利上から、門脇《かどのわき》地区に居を構え、東京から土蔵《どぞう》造りの職人をつれてきて、専用の倉庫を五棟建てた。石巻からは、米・麦・大豆・小豆・海産物が、江戸からは、砂糖・油・反物《たんもの》が、この倉庫に運び込まれ、積み出されたという。幼いころ(幼稚園から小学校二年生ごろ)の柏さんはそうした光景をはっきりと記憶されており、「小揚げのおんちゃん」たちが、「エッサ、ホイサ」と忙しく岸から倉庫にさまざまな荷物を運びいれる姿が、はっきりと目に浮かぶという。

以上であるが、江戸の和泉屋奥商店と、石巻出店としての白鳥商店の関係が、この証言によってあざやかによみがえってきたのである。

ところで白鳥喜七が奥三郎兵衛の命を受けて、石巻にやってきたのは、いつごろのことだったのだろうか。その年代については、柏さんも記憶されていないが、喜七は、一九二五(大正十四)年二月二十七日に七七歳で没しているから、逆算すると一八四八(嘉永元)年生まれとなり、石巻にやってきたのは、おそら

●—柏ます氏

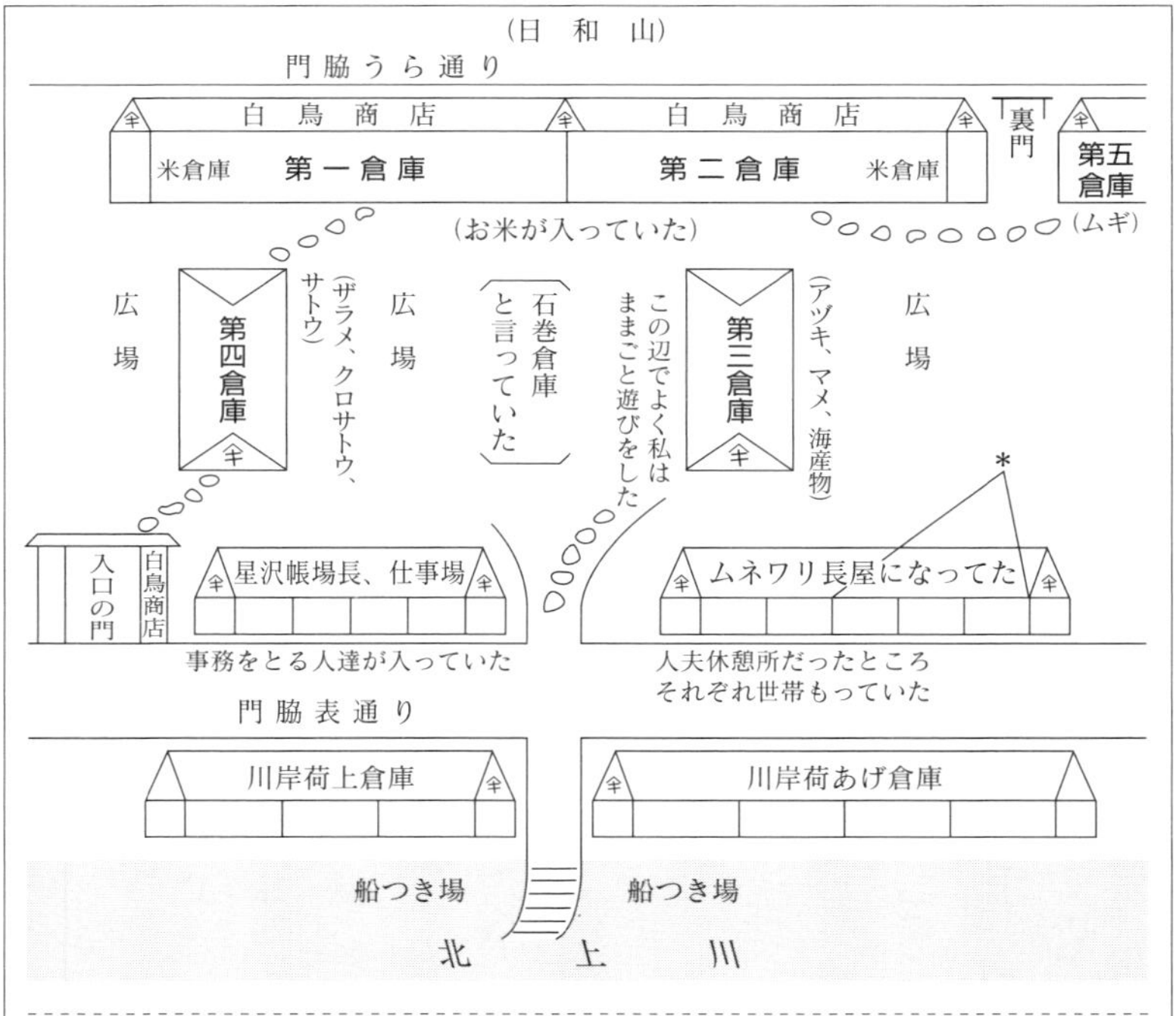

ついこの間まで倉庫は残っていたことは，兄弟はみな，おぼえていることだらう。祖父は大したものなりき，とのこと，きかされる。
不況で石巻の兄をたよってきて，白鳥利三の父や白鳥辰八の父など入っていた所(＊)でよく人のめんどうをみたので立派な祖父だったと皆がいふ。(柏ます記)

●—柏ます氏の記憶に残る「白鳥倉庫」の略図

く明治十年代(三〇歳代)ごろではなかったろうかと想像される。ちなみに明治になると、奥州産米の江戸廻送ルートは激変したと考えられる。それまでの仙台藩による独占的な廻米体制が消滅したため、奥商店も江戸で待ち受けているだけでは奥州米の入荷が望めなくなり、石巻に出店を設ける必要が生じたのではなかろうか。

奥三郎兵衛・白鳥喜七と東京廻米問屋市場

明治期になって、それまでの幕藩制《ばくはんせい》廻米輸送システムが消滅すると、これを実質的に担ってきた穀商人に加えて、新しく民間廻米輸送ルートを創りだしてきた新興の穀商人らが参入して、江戸への廻米輸送システムが再編されていった。明治初年は、廻米に対する規則なども皆無の状態で、米取引は混沌としていたが、こうした状態を愁えた渋沢喜作の呼びかけにより、江戸の穀商人・久住五左衛門、中村清蔵、奥三郎兵衛に三井《みつい》の益田孝《ますだたかし》らが発起人となって、一八八三(明治十六)年九月十三日、「東京廻米問屋仲間」が結成された。ここには、江戸の主立った穀問屋一八人も加盟している。

　その後、一八八四(明治十七)年九月十二日、「東京廻米問屋仲間」は臨時集会を開き、深川《ふかがわ》地区に正米市場《しょうまいいちば》(正米会社)を設立することを決議し、その企画を奥三郎兵衛と河原英二郎《かわはらえいじろう》の二人に全面的にまかせることとした。さらに一八八五(明治十八)年一月三十一日には、同業組合規約を定め、東京府へ許可申請がなされ、また諸施設の建設も進み、八六(同十九)年十月二十七日、東京府の認可を受けて、ここに待望の東京廻米問屋市場が開設されるにいたった。

　幕藩制廻米体制の崩壊後、明治期の東京では膨大な米の消費需要を満たすうえで、東京廻米市場結成の意義はきわめて大きかったとみられるが、その成立にあたり中心的役割を果たしたのが、奥三郎兵衛であった。石巻の奥商店出店・白鳥商店も、おそらくこの時期にはフルに活動していたものと思われ、そのことが奥三郎兵衛が明治廻米体制の再編に臨むうえで、大きな支えになったとみることもできるのではなかろうか。

　しかし、そうした石巻における白鳥喜七の活動は、その後大正期にはいるとその歴史的役割をおえることになる。その経緯を、柏ますさんの述懐によってみてみよう。

そうこうしているうちに、石巻にも小牛田《こごた》から汽車がひかれ、船便よりも陸運業のほうが発達していく。船便は日に増して斜陽をたどり、祖父(白鳥喜七)もいらだつ日が多くなり、祖父はついに石巻を「第二の故郷」とし、娘夫婦に後をまかせて、東京に引き上げることに決心した。決断力のある方なので仕事は早く、ものの見事に倉庫を始め自宅など、てきぱきと処分を決めたとのこと。私が小学二年の時である(大正十一〈一九二二〉年ごろ)。やがて残務整理も終わり、いよいよ石巻をたつとき、門前に使用人がずらりと並んで「大旦那様、お世話になりやした。お名残り惜しいがす」と、次々挨拶に見える。いよいよ人力車に乗った時は、私(ますさん)は「おじいちゃん、おじいちゃん」と追うので、大きい手で「よい子だ、よい子だ」となだめられて、はつ(女中頭)が声を出して泣いた姿には、子供心にも「大変なことが起きてしまったんだなー」と思った。今も目に浮かぶ。

ますさんの記憶に残されたこの情景は、同時に石巻港が、奥州産米の江戸移出基地として果たしてきた栄光の歴史が終止符を打たれた瞬間の光景のように思われてならない。

●――小堀河岸集落の景観

⑤――小堀河岸を歩く――利根川水運の拠点河岸

小堀河岸・忘れられた景観

小堀河岸《おおほりかし》（茨城県取手市《とりで》）は、常磐《じょうばん》線取手駅から南東方向におよそ二キロほどのところにある。

私たち（吉田伸之氏・吉田ゆり子氏と私）三人が、国立歴史民俗博物館の共同研究における利根川《とねがわ》流域河岸調査の一環として、ここを訪れたのは二〇〇二（平成十四）年二月二十三日のことであった。利根川の土手にそって走る県道からみえてきた小堀地区は、早春の日ざしのなかでのんびりと眠っているようにみえた。

小堀の集落は、三日月型に湾曲した湖水（旧利根川）に囲まれるようにして、約一キロほどにわたり直線状に伸びている。集落の大きさや形は、明治期の地図にみるそれと、ほとんど変わっていない。集落を抜ける通りを歩く。さすがに今風に建てかえられた家が多いが、それでもところどころに古びた屋敷や土蔵が散見された。そして家々のすき間からは、かつて利根川本流だった水面が

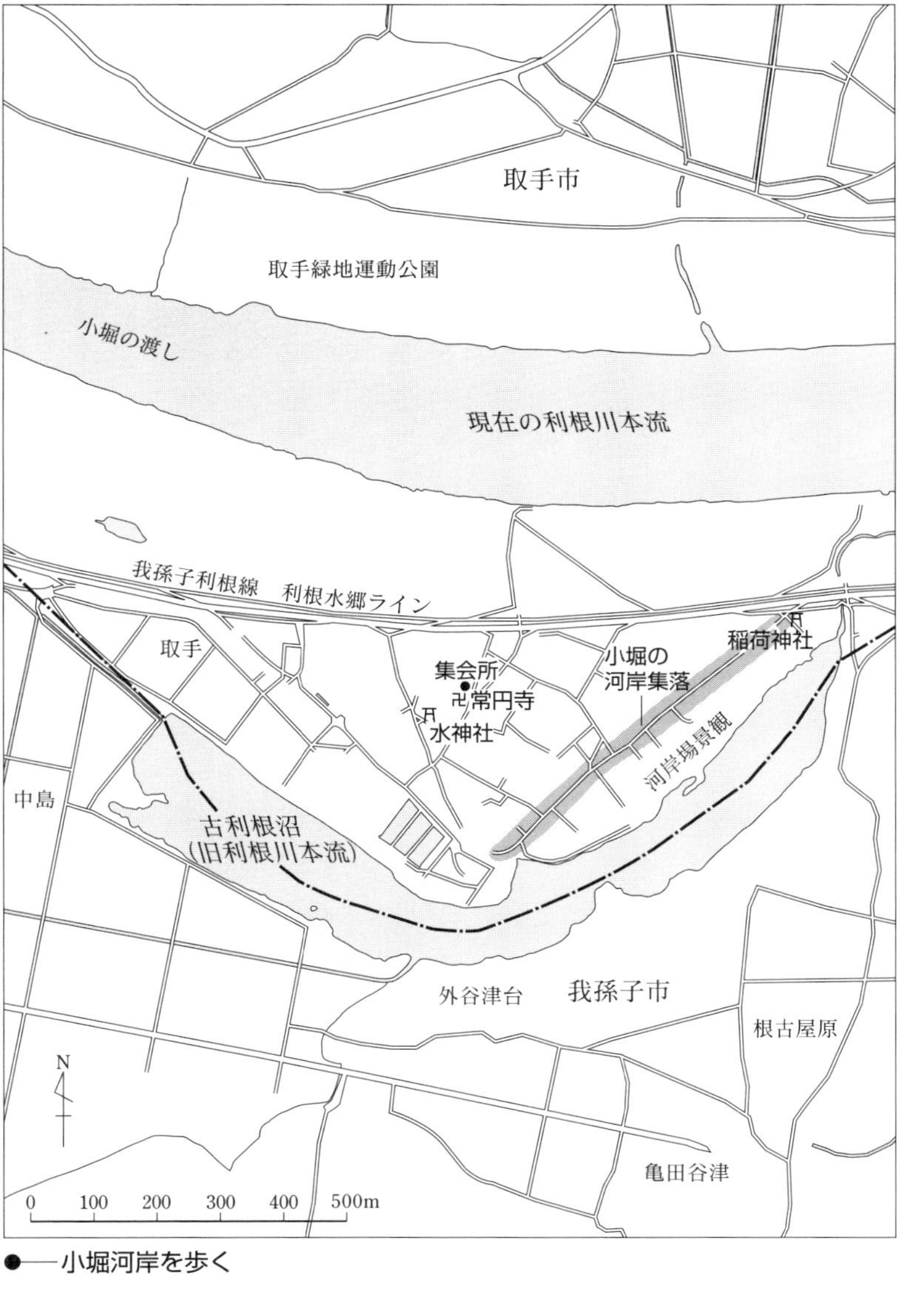
取手市
取手緑地運動公園
小堀の渡し
現在の利根川本流
我孫子利根線　利根水郷ライン
取手
集会所
常円寺
水神社
小堀の
河岸集落
稲荷神社
河岸場景観
中島
古利根沼
(旧利根川本流)
外谷津台
我孫子市
根古屋原
亀田谷津
N
0 100 200 300 400 500m

●―小堀河岸を歩く

●—小堀河岸の景観1　船着場

見え隠れしていた。いずれの家も、通りの反対側は庭や畑になっており、それがまもなく傾斜して、その先は川面《かわも》となる。

　家々のあいだの小道を抜けて川岸に向かった私たちは、そこに残されていた光景に思わず驚嘆した。そこには小堀河岸が水運で栄えていた時代そのままと思える光景が、眼前に広がっていたからである。川岸によくあるコンクリートの護岸などは一切なく、手つかずと思われる河岸場の景観がそこにあった。その先に広がる水面も、今でこそ両端が閉じられてしまったものの、かつては利根川本流であった川幅そのままに悠々と水をたたえている。私たちは、突然あらわれた利根川の河岸場の光景に、よくぞこれが今まで残っていたものだと感嘆を禁じえなかった。ふとみると、かつて船着場だったのだろうか、川岸近くに小さな和船が二艘、ならんで沈んでいた。それはここが、歴史の流れから忘れ去られた空間であることを痛切に感じさせる光景だった。

　現代の地形図でみると、利根川左岸（北）側にある取手市のなかで、小堀地区だけが利根川の右岸（南）側に取り残されたように飛び地になっている。取手市と我孫子《あびこ》市の境界線が、利根川を離れて半月状に残された旧利根川の湖水に沿

●小堀河岸の景観2　沈んだ小船

▼小堀　『角川地名辞典』で「小堀」の項をみると、「利根川右岸低地に位置する。かつては、利根川が付近で大きく蛇行していたため、その左岸に位置したが、一九〇七(明治四十)年に始まった利根川改修工事で新川(直線的な利根川本流—筆者)が開削されたため、大正四年その右岸に移った」とある。

って引かれているために、小堀地区だけが対岸に残されたのである。かつて小堀は、利根川本流の湾曲部の北岸にあったが、利根川の改修によって直線状の新利根川が掘削されたため、その南岸に取り残されてしまったわけである。小堀集落にそって三日月形に横たわる水面は、一九一五(大正四)年以前(河川改修以前)の利根川の本流なのであった▲。

歩きながら地元の方に聞いた話では、今でも小堀地区の子どもたちは、陸続きの我孫子市域でなく、利根川に隔てられた取手市域の学校に通学しなければならず、かつて渡船で往来していたころは、天候次第では欠航したりして、ほんとうにたいへんだったという。今でこそバス通学になったものの、陸続きの我孫子市域の学校なら歩いていけるのにと思うと、やはり不便であることにはかわらない、という。

残された河岸の景観

しかし、こうした経緯が、かえって小堀集落とその前の川面の景観を、そっくり残してくれることにもなったのである。これまで利根川沿いにいくつも

●──小堀河岸の景観3　対岸からみた景観

の河岸の調査をしてきた私たちにとっても、初めてふれた手つかずの河岸場の歴史景観であった。

ちなみに、これまでみてきた河岸場では、どこでも明治から現代にかけて繰り返された河川改修工事によって、その景観は激変させられていた。ほとんどの場合、かつて河岸場があったはずの場所は、高い堤防の下になるか、あるいは河川敷になるかして、完全に消滅していた。そうした現状をさんざんみてきただけに、もはや利根川沿いでは、河岸場の歴史景観にであうことなど、望むべくもないことと、いつとはなしに諦めに似た気持ちをいだいて調査を続けていた。しかしここ小堀では、当時の川面と船着場、さらには河岸集落までが、あたかもタイムカプセルのように残されていたのである。これほど完全な形で河岸場の歴史空間が保存されている例は、利根川の下流域ではほかではまずみあたらないのではないか。

ただそうした発見の歓びと同時に、私たちは、この貴重な歴史景観に危機がしのびよっていることも知らされることになった。何軒かの民家の庭先に、手製の看板で「利根川百景　茨城自然一〇〇選　残そう古利根の水と緑　利根川

●――小堀河岸の景観4　しのびよる危機

の自然を守る会」とか「埋立反対　利根川の自然を守る会」などと記されていた。この水面を埋め立てようとする開発計画が存在しているらしい。もしここが埋め立てられてしまえば、奇跡的に残された利根川流域で唯一ともいえる河岸場の歴史景観は、完全に消滅してしまう。ただ心強かったのは、地元の人たちのうち少なからぬ人たちが、この歴史景観を残そうとされていることだった。私たちとしても、まずこの景観が、歴史的にたいへん貴重なものであることを、なんとか語り広めなければならない。保全の声をあげている地元の人たちと連携しながら、この貴重な歴史景観を保全していく共感の輪を、広げてゆかなければならない。私たちはそう話しあった。

小堀河岸のにぎわい

小堀河岸とは、どのような河岸だったのだろうか。利根川水運の歴史的世界を情緒豊かに描きだした名著、渡辺貢二『利根川高瀬船』のなかに、つぎのような記述がある。

　ここはかつての利根川本流である。坂東《ばんどう》太郎《たろう》はここでゆっくり南にうね

> っていた。その対岸、我孫子市中峠《なかびょう》の台地が緑の壁となって風を防ぎ、往来する高瀬船《たかせぶね》▲にはかっこうの休憩地だった。しかも、銚子《ちょうし》から利根川をさかのぼる船が、順調にいくとちょうど一日でたどり着ける距離にあった。翌朝ここを出て、夕刻、境《さかい》か関宿《せきやど》に着くと、三日目には江戸川を下って江戸の運河網に入ることができるのだった。しかしこれは、水と風によほど恵まれた場合のことで、こんなことはめったになかった。そのため風を待ち、増水を待つ停泊地、あるいは引付《ひきつけ》と呼ぶ人足の補給基地、それでも足りなくて積荷を分けて載せる場合の艀下船《はしけぶね》▲を提供する基地が必要だった。これらの機能をすべてそなえ、公認の艀下河岸とされたのは利根川水系でこの小堀と関宿・松戸《まつど》の三河岸だけであった。

ここに、小堀河岸が利根川水運のなかで果たしていた固有の役割がみごとに描きだされている。

ところでこうした特殊事情は、小堀河岸に大きな経済的繁栄をもたらした。江戸時代中期の小堀のようすを記した「寛延四(一七五一)年御用留」にも、「奥州方面から銚子や塔ケ崎《とうがさき》(茨城県鉾田《ほこた》市)をへて小堀河岸にやってくる御城米《ごじょうまい》(天《てん》

▼**高瀬船**　一般に河川で使用された喫水《きっすい》の浅い船の名称であるが、利根川のそれは、近世の川船としては最大級のものであった。積載量一八〇〇石積の利根川高瀬船は、長さ六〇尺、幅一一・五尺、深さ三・五尺であった。

▼**艀下船**　ちなみに江戸時代に発達した各地の河川舟運においては、同じ川でも上流域では小型船、下流域では大型船と使い分けられることが多かった。そして小型船と大型船との積荷の中継がなされる河岸は、どこでも決まっていた。たとえば最上川《もがみがわ》では大石田《おおいしだ》河岸、北上川では黒沢尻《くろさわじり》河岸などである。これらを中継河岸などともいうが、利根川(中流域)ではまさに小堀河岸がそれにあたり、また当地ではこれを「艀下河岸」と呼んだ。小堀河岸は、数ある利根川の河岸場のなかでも、そのような点でかなり特殊な存在だったといえるのである。

領《りょう》米）のほか、諸藩や商人荷物などは、すべて小堀河岸で艀下に積みかえるので、毎年の年貢米廻送の時節などには、艀下船（小型船）や元船《もとぶね》（高瀬船、大型船）が数十艘もやってきて混み合う」（『取手市史』近世史料編Ⅱ）と記されている。年貢米廻送はおもに、利根川の水量が減る冬期にかえって需要が増大したので、艀下河岸としての小堀河岸が、一層その存在感をきわだたせることにもなったのである。

赤松宗旦《そうたん》の『利根川図志《ずし》』（一八五五〈安政二〉年刊）には、小堀河岸がつぎのように記されている。意訳すると、

小堀河岸は利根川に臨む地にあって、船宿は五軒、いずれも寺田姓である。水神を産神《うぶすなかみ》（産土神）としてまつっている。例祭は毎年六月二十日である。その日は、夜にはいってから神輿《みこし》を船に載せて利根川に浮かべ、流れにそって静かにくだる。これを「御濱下《おはまおろし》」と呼んでいる。この船には幕を張り、鉾《ほこ》を立てておびただしく桃燈をかけ、さらに笛や太鼓《たいこ》・お囃《はや》しの声が、高欄の内側からにぎやかに沸き上がっている。やがて後の船からは、花火を打ち上げる。その数もきわめて多く、これを見物する人が両岸に雲

●——小堀の水神社

集する。その持ち連ねた堤灯の明かりは、まるで月のようで、これが水面に倒映して金の波のようにみえる。一方、川面を渡る涼風は暑気を払い、また酒食の興をそえており、これらはまことにこの地の壮観というべきである。

ここに小堀の人びとの水神社への崇敬と、その例祭のにぎわいぶりが活写されている。

この水神社は今でも集落の西側にあって、遠くからでも目印になる数本の大ケヤキの下に石の鳥居、数基の常夜灯《じょうやとう》、そしてこじんまりとした社殿がある。またとなりには寂《さび》れた寺（常円寺《じょうえんじ》）もあるが、その本堂《ほんどう》は建て増しされて小堀集落の集会所となっている。この本殿《ほんでん》前にも常夜灯と石碑がある。神社と寺の境はなく、境内は明るく広々としているが、かえってそれがもの寂しい印象をあたえているように感じられた。

水神社の祭礼と若者組

ここ水神社については『取手市史』に興味深い史料がある（『取手市史』近世史料

編Ⅱ)。一八二一(文政四)年六月、小堀河岸では、水神社の祭礼をめぐって若者中と河岸問屋とが対立し、両者が協議して「当川岸議定連印書控」という取決めを締結した。このなかに、つぎのような記述がみえている。

五、六年前から、毎年六月二十日の夜に、若者たちが寄り集まり「水神祭礼」を行っているが、祭礼当日ばかりか前後数日間にわたり、(当河岸の)出船を差し止めたり、船渡世《とせい》で他出していて不在の者も(祭のために、出先から)途中で帰ってきたりしている。さらには艀下(乗組み)の順番にあたっても、若者仲間から叱りを受けるからといって、河岸中から乗組みの水主《かこ》がでてこなかったり、といったことも起こっている。そのため荷物の順調な運送に支障が生じている。このことは河岸の存続にもかかわる問題である。そもそも水神祭礼は、若者中が勝手に始めた新規の祭で、御領主様に対しても言い訳もできないものであるから、相談のうえ、今年からは取りやめることとする。▲

近世後期のこのころ、関東各地において、若者組が地域秩序を逸脱するような行動を起こして問題となっていたことは、すでに指摘されていることである

▼「当川岸議定連印書控」　本文引用部分に続いて、つぎのような記述もみられる。すなわち「近年の小堀河岸の若者らは、何かといっては徒党を組み、なにくれと難題を申しかけては酒肴《しゅこう》をねだるなどのことも聞こえている。また例年正月四日には日待《ひまち》と称して、若者共が集まって様々な取り決めごとをおこなってきているが、近年ここで博奕《ばくち》を打つ者もあると聞いている。いずれもとんでもないことである。今後はこうしたことのないよう、厳しく申し合わせる」とも記されている。

が、河岸場とりわけ艀下河岸の小堀河岸においても、こうした動向がいち早く、またひときわ顕著にあらわれていたようである。

ちなみに『利根川高瀬船』には、つぎのような伝承が記されている。小堀に無宿《むしゅく》三百といわれた頃のことだろうか、水神社の祭りでひとりの香《や》具師《し》がけんかの末、無宿人に殺されたことがあった。遺体をつれて源清太《げんせいだ》(河内村《かわち》)にいったん戻った香具師が報復に出ようと仲間を集めたが、女親分に「小堀じゃ相手が悪すぎる」とたしなめられ、泣寝入になったという話である。

この逸話は、小堀の若者中が、利根川流域一帯の渡世人《とせいにん》集団からも、一目おかれるほどの特別な存在であったことを示唆するものといえる。『利根川図志』が描く小堀水神社の祭礼のにぎわいは、こうした若者中によって企画運営されていたのであった。

そもそも小堀河岸の若者中に結集した人びととは、小堀艀下船の仲間に加入する船主・船頭衆のもとで水主稼ぎをする「船渡世」「乗組候水主」といった人びとを中心に、艀下船を陸から曳《ひ》く「引付《ひきつけ》」人足や、艀下荷物の「瀬取《せどり》」(荷物の積替

●――水神社の若者中常夜灯

え）を行う荷役人足《にやくにんそく》らが加わった者たちであった。これが水神社の祭礼を契機として結集をとげているのであるが、それ以前には、史料をみるかぎりでは、それぞれ職能別（船渡世・引付人足・荷役人）に存在した独自の仲間組織のもとに包摂されていたようである。それがこの時期、それぞれの仲間組織を超えて、若者中という形での結集が実現したらしい。その背景には、水神社祭礼が創始されるなど、文政初年という時期が大きくかかわっていたと考えられる。

化政期というのは、全国的にみても、北前船《きたまえぶね》や尾州廻船《びしゅうかいせん》に代表される新たな流通主体の成長がみられ、流通世界に大きな変動が起こった時期であった。利根川の艀下河岸たる小堀においても、こうした流通世界の変動の影響がおよんでおり、若者中の組織や活動の変貌を引き起こしていたのではなかろうか。こうしてみると水神社祭礼の創始もまた、そうした新しい経済情勢がこの地域にもおよんできたことの象徴ともいえるのではなかろうか。

したがって旧来の流通構造の担い手でもあり小堀河岸の支配層でもあった河岸問屋らが、この祭礼を抑制するような動きをみせたのは、それなりに当然のことであった。しかしこのような議定が取り交わされたにもかかわらず、その後も水神社の祭礼は衰えるようすはなかったらしい。そのことは、その後の安政年間(一八五四～六〇)に出版された『利根川図志』が、さきに掲げたように、そのにぎわいを活写していたことをみても明らかである。

残された遺物は語る

このようにみたうえで、改めて水神社と常円寺の境内を歩いてみると、そうした小堀河岸の歴史を物語る手がかりが、さりげない形でいくつも残されていることがわかる。以下ではそれらをみてみよう。

常円寺の鐘銘

常円寺脇の集会所の軒下に、古びた半鐘《はんしょう》が吊りさげられている。みるとつぎのような銘文《めいぶん》がある。「元禄九丙子・小堀河岸・寺田宇右衛門《てらだうえもん》、文政二己卯年七月再建立・鋳工・大門通《おおもんどおり》・伊勢屋長兵衛《いせやちょうべえ》」。すなわちこの鐘《かね》は、一八一九(文政二)年に江戸の大門通りの鋳物師《いもじ》・伊勢屋長兵衛が製作したものであるが、もともとは一六九六(元禄九)年に小堀の寺田宇右衛門なる者が作成し奉納した鐘を、このとき改めて復元再造したものであることがわかる。江戸の鋳物師に注文製作させている事実から、文政ごろの小堀河岸にとっては、江戸が身近な存在だったことをうかがわせる。

ところで気になるのは、なぜ新しい鐘を作らず、元禄の古鐘の複製を、文政のこのときに作ったのかである。鐘の形態や大きさにもさして特異な点は見受けられないから、もとの鐘の作成事情に、このとき復元を迫るだけの意味が込められていたのではないか。最初の鐘の作成年は「元禄九年」であるが、この時期については、やや関係のありそうな事実が指摘できる。『取手市史』(近世史料編Ⅱ)に所収された史料のなかに、小堀の村役人・河岸問屋・艀下船持らが連名し一七四八(寛延元)年に作成された議定《ぎじょう》書《しょ》がある。一二カ条にわたる取決めの内容をみると、古船や傷《いた》み船には荷物は積ませない(第一条)、(艀下の)御用は必ずつとめ、船年貢や河岸役もまちがいなく上納する(第二条)、小堀河岸を中心に、上流は木崎《きざき》村落合《おちあい》まで、下流は田河《たがわ》村までの難破船《なんぱせん》などの処理にあたる(第三条)、といった条項がならび、艀下河岸としての基本的な諸規程が盛り込まれている。つまりこの議定こそ、近世における小堀河岸の艀下運送システムを確立させたものであったといえよう。

●——水神社の常夜灯　台座にきざまれた奉納者名

ところでこの議定書には奥書があり、「以上の規程は、元禄十二(一六九九)年卯十二月に定められた規程を用いて、このたび新たに連判し差しだしたものである」とみえる。つまり議定書は、もともと一六九九年末に制定されたものであったことが知られる。したがって、これとほぼ同時期に鎮守《ちんじゅ》水神社に奉納された鐘は、この小堀河岸の基本規約の成立となんらかの関わりをもち、さらにいえばこれを記念するものであったのではあるまいか。

常夜灯・力石・玉垣

水神社の社殿《しゃでん》前には一対二基の常夜灯がある。いずれも笠石《かさいし》はとれ、台石と竿石《さおいし》だけになっている。台石は、左右ともに形状・字体が同一のものなので、もともと一対のものであったとみられるが、竿石は左右が別の形状であり、さらに両者ともに台石とのバランスが悪く、これらは後補されたようである。

台石をみると、左右とも正面には「若者中」と彫られ、側面と裏側には奉納者らの名前があわせて九九人分きざまれている。ただし肩書記載が「世話人」とある四人は、左右両方にその名がみえているので、延べ人数は九五人ということになる。これを姓でみると、寺田姓がもっとも多く二二人(うち世話人二人)、

●──水神社の力石

●──「小堀女人講中」の玉垣

ついで倉持《くらもち》姓が一五人、仲《なか》姓が八人、井上《いのうえ》姓が六人(うち世話人一人)となり、これら四つの姓で五一人と過半数を占める。これらはいずれも現在なお小堀河岸に多い姓である。ちなみに小堀の人口は、一八九一(明治二十四)年には戸数一三八軒、人口八〇〇人を数えたから、ここに列記された人びとは、その一割を超える人数にあたる。つまりこの一対の常夜灯に「若者中」としてその名をきざんだ人びとは、当時の小堀河岸の相当部分を占めることがわかる。一方、右の竿石には「明治廿八年旧六月廿日建之」ときざまれており、まさしく水神社の祭礼日である六月二十日に奉納されたことが知られる。

また社殿の参道脇には、力石《ちからいし》が六個ほど残存している。相撲《すもう》とか力くらべは、激しい肉体労働が多い河岸場や湊町において、広くみられた娯楽・余興であった。これら常夜灯と力石は、水神社を拠点として結集した小堀の若者組の組織や役割を、具体的に示してくれる貴重な河岸文化遺産といえる。このほか、破損して一部のみになっているが、「小堀女人講中《こうちゅう》」ときざまれた玉垣《たまがき》もみえている。河岸場社会において、若者中とならんで、こうした玉垣を奉納するような「講中」を結成していた女性たちがいたことも、興味深い事実であろう。これら

●――弘法大師堂扁額

▼刀水漁長碑　その銘文は以下のとおり。「宮文助翁は刀水漁老と號す、家は小堀に在り、代々刀根水運の舊業なり、生得人のあはれ深く喜んで他の難に赴き、曽て身の為に計らず、されば翁が力に依りて、曲れるを直くし、悩めるを安くせる、公私についてまことに少からず、さながら古侠の風骨な

女性たちが河岸場でいかなる役割を果たしていたのか、まだ明確にはできないが、今後の重要な論点であるだろう。

弘法大師堂と御神灯碑

常円寺の境内《けいだい》には、弘法大師堂《こうぼうだいしどう》がある。ところで同形式の弘法大師堂を、これまでいくつかの河岸でみかけた。ここの弘法大師堂に掲げられている扁額《へんがく》には「新四国八十八ヶ所・第九番・武州《ぶしゅう》北葛飾《きたかつしか》郡蕨《わらび》村大字番近免・堀切伊平治《ほりきりいへいじ》・明治四十二(一九〇九)年二月二十一日」とみえる。ちなみに取手河岸の八坂《やさか》神社の弘法大師堂にも小堀のそれと同様に「新四国八十八ヶ所・第三番・武州北葛飾郡蕨村大字番近免・御醤油販売元・堀切伊平治・明治四十二年二月二十一日」と記された扁額があった。さらにいえば布佐《ふさ》河岸の弘法大師堂にも「第三十八番・弘法大師・堀切伊平治」と記された扁額があった。利根川に沿った河岸場に広く分布して、いずれも堀切伊平治なる人物が奉納した社《やしろ》や額が残されているのである。おそらくこの人物は、当地域で八八カ所にわたり弘法大師堂を奉納してまわっていたのであろう。

ちなみに小堀常円寺の弘法大師堂には「新四国相馬《そうま》第九・小堀村常円寺、たり、此の風骨を慕ふもの田父と漁夫、文人と墨客、貴紳と官吏と皆楽みて平等の交りを結びたり、或は花の咲き、月のまどかなる夕、しばしば舟を刀江に泛べて諸友を催して共に盃をあぐ、そが中に小川芋銭・若松染太夫・森田恒友・立田清辰等、既にして故人となりぬ、木村荘八・中川一政・三成重敬・岸浪百草居・公田連太郎・小杉放庵・篠目八郎兵衛等、時に舊蹤をしのびて、此地に會することあり、江水空しく流れて、其人今や亡きを嘆く、彼の力、数人に敵したりし魁偉の體格、孩児も馴るべかりし、温厚の眉目、或は之を他に求め得べし、慈心剛腸古侠の風骨に至りては、世上まことに此類多からざるを思ふなり、

翁没後　年の春

昭和十九年三月

公田連太郎題字

小杉放庵撰文

篠目八郎兵衛建立」

いじやうの／ひほうも／とがも／ひるがえし／てんほうりんの／ゑんとこそきけ、施主本所八軒《ほんじょはっけん》町・圓明睦員《えんめいむついん》・小嶋福蔵《こじまふくぞう》、願主・柴谷《しばたに》・須川《すがわ》」と記された奉納額が、また布佐河岸の弘法大師堂には「新四国相馬第五十八番、東京浅草《あさくさ》・弘心睦《こうしんむつみ》、講元・三浦昇・睦員一同」と記された奉納額が掲げられており、これら弘法大師堂は、江戸浅草辺りを拠点とする新四国講八十八ヶ所の巡礼対象とされていたようである。江戸を起点とする利根川流域をつなぐ流通ネットワークが、このような信仰のネットワークと連動し、またはそれと共鳴しつつ展開していったことを知ることができる。

常円寺境内にはまた「御神燈《ごしんとう》」ときざまれた石碑もある。そこには「日本橋区蠣殻《かきがら》町二丁目・小川卯兵衛、日本橋区蠣殻町二丁目・井上吉五郎、日本橋区蠣殻町中川□地・倉持伊助、京橋《きょうばし》区采女《うねめ》町・高橋文吉、当村・倉持半兵衛」といった名前が記されており、これもまた明治期の小堀と江戸日本橋地区との濃密な関係を示すものといえるだろう。

「刀水漁長碑」

常円寺と水神社の境内の入口に、「刀水漁長碑▲」なる題字がきざまれたかなり

●――刀水漁長碑

大きな石碑がある。

その碑文によると、昭和期の小堀河岸に宮文助《みやぶんすけ》なる者がいた。代々利根川水運にかかわっていたというが、その家業が実のところなんだったのかは、この銘文からにはよくわからない。しかし相当な有力者だったらしく、小堀河岸に多彩な文人名士らを招き、彼らと幅広い交際活動を展開していたことが記されている。「古侠」という表現からもうかがえるように、おそらくは当地の河岸労働者を束ねる「親分」的存在だったように思われる。かつて利根川水運は、『天保水《てんぽうすい》滸傳《こでん》』に象徴されるように、笹川《ささがわ》の助蔵《すけぞう》や大前田《おおまえだ》の英五郎《えいごろう》など博徒《ばくと》・任侠《にんきょう》の舞台でもあった。いずれの河岸にも、肉体労働に従事する水主・仲仕《なかし》・荷役人・引付などがおり、それらを統括支配する「親分」が存在した。宮文助もまた、そうした利根川の任侠世界の人物だったかもしれない。そして彼をとりまく多彩な文化人・有力者との交流こそは、終焉を迎えつつあった昭和期の利根川水運史の最後の残照であったように思われる。

小堀集会所の高瀬船模型

小堀にはもう一つ、貴重な歴史資料が残されている。それは高瀬船《たかせぶね》の模型と船具で、いずれも常円寺脇の集会場にあるということだった。集会所はすぐわかったが、入口は固く施錠されていた。そこで私たちは、とおりがかりの人に区長さん宅を教えてもらい、お願いしたところ開けてみせていただけることになった。区長さんの連絡で近所の鍵持ちの方が来てくださって、集会所にいれていただいた。ひんやりとした薄暗い座敷の奥の突きあたりに、ガラス戸に仕切られた手づくりの「展示スペース」があり、そこに立派な高瀬船の模型があった。一見して、基本的な船体構造(棚板構造や船梁など)はもちろん、帆《ほ》・梶《かじ》・綱《つな》具《ぐ》などの船具にいたるまで、相当緻密につくられており、かなり高水準の模型であるとの印象を受けた。ただし付属の人形だけは、高瀬船のサイズに比して明らかに大きすぎるように思われた。かたわらに掲げられた説明文から、この模型は、失われた利根川水運の歴史に対する地元の人たちの深い哀惜の情からつくられたものであることが読みとれた。▲

そのほか、「航海燈(舷灯)・倉持□郎」、「錨《いかり》・中村三二」(金輪つきの小型の四爪《よつづめ》錨《いかり》)、帆布(おそらく松《まつ》右《え》衛門《もん》帆《ほ》)など、いずれも実物が保存・展示されていた。

小堀集会所の展示スペースは、小さなものであったが、利根川水運とともに生

▼高瀬船模型の説明板　説明板には、つぎのように記されていた。「七ツとや、名高い利根川高瀬舟、と大漁節にも歌われたように、利根水運の盛んな頃の私たちの祖先は、皆この利根川において高瀬舟を持ち、大いに活躍をしておりましたが、水運の衰退と共に、その高瀬舟も姿を消し、今はただ昔の物語りとなり、高瀬舟の姿も忘れされつゝありますことは、まことに残念に堪えませんでした。私たち一同は、せめてその模型を造り、永く後世に伝えたいと、話し合っておりました。このたび高瀬舟を造った唯一人の経験者である郷土小堀の出身で、現在土浦市で造船所を営む鈴木国蔵氏の御厚意により、十分の一の模型を造っていただき、併せて数少なくなった高瀬舟の付属(道具—筆者)と共に、永く保存致し、後世に伝えるものであります。昭和五十四年十一月十一日」。

●—小堀の高瀬船模型

きた小堀の祖先への熱い思いが結晶したものなのであった。

　水神社と常円寺の狭い空間は濃密な歴史遺産の集積地であり、そうした意味でここは、小堀河岸の歴史景観とならんで、利根川水運の世界が現在に残したタイムカプセルであった。

『金毘羅庶民信仰資料集』第2巻，金刀比羅宮社務所，1983年

④―石巻湊を歩く

渡辺信夫「東廻海運の構造」『交通史研究』8号，1982年
渡辺信夫『海からの文化―みちのく海運史―』河出書房新社，1992年
藤沼邦彦「東北地方出土の常滑焼・渥美焼について」『知多半島の歴史と現在』3，校倉書房，1991年
藤沼邦彦「石巻市水沼窯跡の再検討と平泉藤原氏」『石巻の歴史』6，1992年
石巻千石船の会編「石巻千石船末裔調査資料」『ふるさとのかたりべ』第7号，1995年
『石巻市史』石巻市史編纂委員会，1953〜63年

⑤―小堀河岸を歩く

赤松宗旦『利根川図志』岩波文庫，1938年
渡辺貢二『利根川高瀬船』崙書房出版，1990年
『取手市史』近世史料編Ⅱ，取手市教育委員会社会教育課市史編さん室，1987年
渡辺英夫『近世利根川水運史の研究』吉川弘文館，2002年

●――写真所蔵・提供者一覧(敬称略，五十音順)

磯前神社・河野村教育委員会　　扉
(財)岩手県文化振興事業団埋蔵文化財センター　　p. 66右
内田家*　　p. 15, 18, 19, 20左
柏ます*　　p. 78
河野村教育委員会　　カバー表・裏，p. 27右，28〜30, 32, 36〜39, 42〜45
金刀比羅宮　　p. 55
金相寺*　　p. 27左，31
住吉大社　　p. 10左
南知多町教育委員会　　p. 7左，9左，10右，12, 13右，20右，21〜23, 68
美浜町　　p. 24
零羊崎神社・東北歴史博物館　　p. 71左
歴史資料ネットワーク　　p. 50, 51
上記に記載のない写真は著者提供。*は著者撮影。

●—参考文献

斎藤善之編『新しい近世史３・市場と民間社会』新人物往来社, 1996年
伊藤雅俊・網野善彦・斎藤善之『「商い」から見た日本史』ＰＨＰ, 2000年

①—内海浦を歩く

村瀬正章『近世伊勢湾海運史の研究』法政大学出版局, 1980年
斎藤善之『内海船と幕藩制市場の解体』柏書房, 1994年
斎藤善之「内田佐七—近代的物流の開拓者—」『江戸時代人づくり風土記・23・愛知』農山漁村文化協会, 1995年
斎藤善之「全国流通の展開と神奈川湊」『海からの江戸時代—神奈川湊と海の道—』横浜市歴史博物館, 1997年
日本福祉大学知多半島総合研究所(以下知多総研と略す)編『尾張国知多郡内海・えびす講文書目録』1991年
知多総研編『尾張国知多郡内海・内田佐七家文書目録』1993年
『南知多町誌』南知多町教育委員会, 1990〜97年

②—河野浦を歩く

牧野隆信『北前船の研究』法政大学出版局, 1989年
知多総研編『越前国南条郡河野浦・右近権左衛門家文書目録』福井県河野村, 1996年
斎藤善之「北前船主右近家の経営展開と全国市場」知多総研編『北前船と日本海の時代—シンポジウム第３回・「西廻り」航路フォーラム—』河野村発行, 校倉書房発売, 1997年
斎藤善之「地域海運勢力(北前船と尾州廻船)からみた大坂市場」『歴史科学』№162, 大阪歴史科学協議会, 2000年
斎藤善之「大坂から見た北前船と北国市場」知多総研編『第５回「西廻り」航路フォーラムの記録』河野村, 2001年
『河野村誌』河野村誌編さん委員会, 1980・83・84年

③—兵庫津・和田神社を歩く

斎藤善之「変貌する東西流通—尾州廻船内海船と神奈川・兵庫—」青木美智男編『日本の近世17・東と西　江戸と上方』中央公論社, 1994年
眞野修「和田神社の石灯籠」『歴史と神戸』196号, 1996年
『神戸市史・資料１』名著出版, 1971年
『新修・神戸市史』歴史編３, 神戸市, 1992年

日本史リブレット47
海《うみ》の道《みち》、川《かわ》の道《みち》

2003年9月25日　1版1刷　発行
2019年9月30日　1版4刷　発行

著者：斎藤善之《さいとうよしゆき》

発行者：野澤伸平

発行所：株式会社 山川出版社

〒101－0047　東京都千代田区内神田1－13－13
電話 03(3293)8131(営業)
03(3293)8135(編集)
https://www.yamakawa.co.jp/
振替 00120-9-43993

印刷所：明和印刷株式会社

製本所：株式会社 ブロケード

装幀：菊地信義

Printed in Japan ISBN978-4-634-54470-3

日本史リブレット 第Ⅰ期［68巻］・第Ⅱ期［33巻］ 全101巻